COMMENT LUC A REMANIÉ
L'ÉVANGILE DE JEAN

ISSN 0575-0741

CAHIERS DE LA REVUE BIBLIQUE

51

COMMENT LUC A REMANIÉ L'ÉVANGILE DE JEAN

par

M.-É. BOISMARD, O.P.

PARIS
J. GABALDA et Cie Éditeurs
Rue Pierre et Marie Curie, 18
—
2001

ISBN : 2-85021-131-X
ISSN : 0575-0741

AVANT-PROPOS

Dès le premier article que nous avons écrit dans la Revue Biblique[1], nous avons été intrigué par le problème des lucanismes contenus dans le quatrième évangile. Nous avions voulu étudier le problème posé par le chapitre 21 de cet évangile en analysant de près son vocabulaire: se trouvait-on devant un texte authentiquement johannique? En fait, nous avons constaté qu'alternaient de façon curieuse les termes conformes au style de Jean et d'autres termes qui lui étaient étrangers, voire même contraires, mais de tonalité typiquement lucanienne. Nous étions au début de notre carrière exégétique et nos conclusions sont restées prudentes: «Notre conclusion se bornera alors à ceci: le chapitre XXI de l'évangile de Jean n'a pas été écrit par lui-même, mais par un rédacteur anonyme, certainement disciple de Jean, qui s'est inspiré des propres récits et du style johanniques. L'identité de cet auteur demeure mystérieuse, malgré certains rapprochements curieux entre son style et celui de Luc» (p. 501).

Une quinzaine d'années plus tard, nous nous sommes penchés sur le problème littéraire posé par le récit de la guérison du fils d'un fonctionnaire royal, en Jn 4,46-54[2]. Avec nombre de commentateurs, nous avons reconnu qu'il n'était pas homogène. Nous avons attribué à un remaniement du texte primitif, d'une part les verset 48-49, d'autre part les versets 51-53. Or ces versets contiennent des expressions typiquement lucaniennes. Par exemple, au verset 48, la mention des "signes et prodiges" (reprise de la Septante) et surtout au verset 53 la phrase "Il crut lui et toute sa maison". Notre conclusion fut beaucoup plus affirmative que dans notre article de 1947: c'est Luc qui aurait remanié l'évangile de Jean en le publiant.

---

1 "Le chapitre XXI de saint Jean. Essai de critique littéraire", *RB* 54 (1947) 473-501.
2 "Saint Luc et la rédaction du quatrième évangile (Jn 4,46-54)", *RB* 69 (1962) 145-211).

Arrivé au terme de notre carrière exégétique, nous avons décidé de reprendre le problème d'une façon beaucoup plus systématique. Dans notre article de 1947, nous avions noté quelques caractéristiques lucaniennes dans la première finale de l'évangile, en 20,30-31. Nous avons analysé beaucoup plus à fond ces versets, du point de vue thématique et littéraire, et nous avons constaté qu'ils ne pouvaient avoir été écrits que par Luc. Mais si Luc avait éprouvé le besoin d'ajouter cette première conclusion de l'évangile, n'était-ce pas parce qu'il l'avait remanié assez considérablement?

Notre deuxième démarche développa et systématisa les conlusions de notre article sur Jn 4,46-54. Si Luc avait amplifié le récit primitif, c'était pour introduire une nouvelle conception des rapports entre les miracles et la foi, plus conforme à celle de la tradition synoptique. Dans la tradition johannique primitive, les miracles avaient valeur apologétique: ils étaient les "signes", la preuve, que Dieu avait envoyé Jésus comme un nouveau Moïse (cf. Ex, 4,1-9). Mais en amplifiant le récit johannique, Luc a voulu montrer que, pour le Christ, une foi qui s'appuie uniquement sur les signes est sujette à critique. Il devenait alors nécessaire d'analyser de près les autres passages de l'évangile qui développent le même thème, contraire à celui de l'évangile primitif. Nous l'avons fait en notant soigneusement les caractéristiques stylistiques lucaniennes qui s'y trouvent. Le premier récit analysé fut celui de l'apparition du Christ ressuscité à Thomas (20,24-29), qui dédouble le récit de l'apparition aux disciples (dont le nombre n'est pas précisé), en 20,19-23. Nous avons constaté qu'il avait été rédigé par Luc. Il en va de même de la conclusion du récit de l'entretien de Jésus avec la Samaritaine, en 4,41-42. À 2,23, un texte remontant à l'évangile primitif, Luc ajouta les versets 24-25 pour affirmer qu'une foi qui s'appuie sur les signes accomplis par Jésus n'est pas solide, on ne peut pas s'y fier. C'est Luc enfin qui a remanié le récit primitif de la résurrection de Lazare pour y introduire le personnage de Marthe. L'analyse de ce récit dépasse la problématique des rapports entre les miracles et la foi, auquel toutefois font allusion les versets 40-42.

Mais notre enquête ne s'est pas arrêtée là. Même s'ils ne traitent pas du problème des miracles et de la foi, l'analyse stylistique nous a amené à conclure que Luc avait rédigé: la comparution de Jésus devant Anne, en 18,19-24, l'épisode du partage des vêtements du Christ, en 19,23-24;

la présence des anges lors de la visite des femmes au tombeau vide, en 20,11b-13, les paroles du Christ ressuscité concernant le pardon des péchés en 20,21-23. Nous avons pu alors reprendre le problème posé par le chapitre 21, du point de vue thématique et stylistique, et conclure qu'il avait été entièrement rédigé par Luc, sauf le miracle de la pêche miraculeuse, en 21,1-14, que Luc reprit de la tradition johannique mais en le remaniant considérablement.

Plus étonnant encore fut la façon dont Luc bouleversa la structure même de l'évangile primitif. Celui-ci commençait par raconter, à la suite, trois signes accomplis par Jésus au début de son ministère public: l'eau changée en vin à Cana (2,1-11), la guérison du fils d'un fonctionnaire royal à Capharnaüm (4,46b-54) et la pêche miraculeuse (21,1-14). Ces trois signes formaient une séquence homogène pour montrer que Jésus était comme un nouveau Moïse, en référence à Ex,4,1-9. Luc fit de la pêche miraculeuse un miracle que Jésus accomplit après sa résurrection (nous expliquerons pourquoi en commentant ce texte) et il "noya" les deux premier signes dans un ensemble plus vaste et, du point de vue topographique, plus conforme à la tradition synoptique. Ce qui ne veut pas dire, bien sûr, qu'il rédigea lui-même les épisodes intercalaires.

Nous avons pu alors reprendre le problème du chapitre 21 d'une façon beaucoup plus approfondie que dans notre article de 1947. Nous avons conclu que, mis à part le récit de la pêche miraculeuse, fusionné par Luc avec un récit de repas de poisson, tout devait être attribué à la main de Luc.

En fait, tous ces textes que nous croyons maintenant être de la main de Luc, nous les avions jadis attribués à Jean IIB. En analysant le récit de l'entretien de Jésus avec la Samaritaine (Jn 4,1 ss), nous verrons que, parmi les éléments ajoutés au récit primitif, certains restent de Jean IIB tandis que d'autres sont de la main de Luc. Il ne faut pas identifier Jean IIB à Luc.

Ces remaniement massifs et ces ajouts, dus à Luc, ne pouvaient-ils pas nous aider à résoudre le problème posé par le récit de la femme adultère pardonnée par Jésus (Jn 8,1-11)? La rédaction lucanienne de cet épisode est, pour nous et pour d'autres, indiscutable. La solution la plus logique n'est-elle pas d'admettre qu'il fut ajouté par Luc en même temps que les épisodes que nous venons d'inventorier, et qu'il aurait été supprimé, probablement dans la tradition alexandrine, parce qu'on le jugeait trop dangereux pour la fidélité des épouses chrétiennes?

Ce volume recoupe un certain nombre d'études que nous avons publiées, soit dans de précédents livres, soit comme articles dans la *Revue Biblique*. Nous aurions pu nous contenter de renvoyer à ces diverses études. Mais la lecture du présent volume aurait été quasi impossible pour la plupart de nos lecteurs éventuels, soit qu'ils n'aient pas possédé les ouvrages ou articles en question, soit qu'ils auraient trouvé trop fastidieux d'aller les consulter à chaque fois. Nous avons donc jugé indispensable de reprendre nos précédentes démonstrations, en les simplifiant pour ne garder que ce qui intéressait notre dessein, mais aussi en améliorant la présentation des arguments et en les complétant. Il était avantageux aussi de les regrouper dans un ensemble cohérent.

Deux de nos ouvrages méritent une mention spéciale. Il s'agit d'abord du commentaire de l'évangile de Jean que nous avons écrit en collaboration avec A.Lamouille[1]. Nous nous y référerons en parlant seulement de "notre commentaire". Nous y avons analysé toutes les péricopes que nous traiterons dans le présent volume. Ce qui est nouveau, ce sont les arguments que nous avons invoqués pour attribuer à Luc ce que nous avions jadis attribué à Jean IIB. – Mais une difficulté se présente, et nos lecteurs éventuels ne manqueront pas de la remarquer. Dans notre commentaire, l'attribution de telle ou telle péricope à Jean IIB s'appuyait souvent sur des arguments d'ordre stylistiques. Ces arguments ne sont-ils plus valables pour les textes que nous disons maintenant avoir été rédigés par Luc? Mais cet argument stylistique doit être utilisé avec précaution. Dans notre commentaire, nous les avons classés par ordre d'importance; tous n'ont donc pas la même valeur. En particulier, des moins typiques, certains sont connus ausi de Luc et l'on ne s'étonnera pas de les retrouver sous sa plume. Par ailleurs, on sait que Luc a volontairement imité le style de la Septante; or il connaît parfaitement l'évangile de Jean. Il était donc capable d'imiter aussi le style johannique lorsqu'il composait de nouvelles sections pour les incorporer à l'évangile primitif. Nous le constaterons par exemple pour

---

1 Voir sa présentation dans la bibliographie donnée en fin de volume.

Jn 20,30-31 où deux notes incontestablement johanniques sont noyées dans une abondance de notes thématiques et stylistiques tout aussi incontestablement lucaniennes. C'est alors une question de proportion qui joue. Sur cet important problème, voir nos remarques p. 98 s.

Mais il faut éviter l'excès qui constituerait à attribuer maintenant à Luc tous les textes que nous avions jadis attribués à Jean IIB. Nous pensons que ce serait très abusif. Il reste que nous ne prétendons pas avoir détecté tous les textes rédigés en fait par Luc. Dans nombre de cas, aucun argument thématique ou stylistique ne permet de résoudre le problème.

Ajoutons qu'en reprenant les textes johanniques, Luc a pu y glisser son propre style. On ne pourra donc déclarer de rédaction lucanienne que les textes où, soit les notes, soit les thèmes lucaniens sont relativement abondants.

Nous nous référerons aussi à nos volumes parus sous le titre *Un évangile pré-johannique* (voir la bibliographie donnée en fin de ce volume). En étudiant les homélies de Jean Chrysostome sur l'évangile de Jean, nous avons constaté qu'un compilateur les avaient éditées (au cinquième siècle) en y insérant un grand nombre de sections provenant d'un commentaire de Diodore de Tarse (le maître de Chrysostome à Antioche) sur le même évangile. Mais ce commentaire suivait un évangile de Jean qui avait une forme plus archaïque que celle que nous connaissons maintenant. Grâce à ce commentaire, il est possible de repérer les sections qui ont été ajoutées à l'évangile primitif. D'où le problème: ces sections furent-elles ajoutées par Jean IIB ou par Luc? Malheureusement, la documentation que nous avons utilisée ne nous a permis de ne mener cette étude que pour les cinq premiers chapitres de l'évangile. Pour rassurer nos lecteurs, ajoutons que les résultats obtenus par cette méthose nouvelle de critique littéraire rejoint souvent ceux auxquels était arrivée la critique traditionnelle moderne, spécialement pour les récits de l'entretien de Jésus avec la Samaritaine (Jn 4,1 ss) et pour le récit de la guérison du fils du fonctionnaire royal (4,46 ss). Nous le préciserons lorsque nous analyserons ces deux épisodes.

Mais il ne faudrait pas majorer les résultats obtenus dans ces volumes. En fait, parmi les récits mentionnés plus haut, les textes que nous avons attribués à Luc, tels que Jn 2,24-25, 4,41-42, 4,48-49 et 51-

53, sont ignorés de "notre" Évangile pré-johannique. Mais il serait abusif de généraliser et de conclure que tous les textes des chapitres 1 à 5 absents de cet évangile devraient lui être attribués. Nous sommes même persuadés du contraire. En fait, l'histoire de la formation progressive de l'évangile de Jean sous sa forme actuelle est plus complexe que celle que nous avions imaginée jadis. Il faut admettre que, outre JeanIIA et IIB, c'est Luc aussi qui a complété l'évangile primitif.

Pour faciliter la lecture de cet ouvrage, nous rappelons quelle est notre position quant à la formation du quatrième évangile. À l'origine, il faut admettre l'existence d'un document écrit en araméen dont dépendent les évangiles de Luc et de Jean, surtout pour les récits de la Passion et de la Résurrection. Nous l'avons appelé le Document C. Indépendant de la tradition synoptique, il pourrait dater des environs de l'an 50, peut-être même plus tôt. Cette constatation est de la plus haute importance car, pour cerner la personne de Jésus et son enseignement, nous disposons de deux sources indépendantes et également vénérables: le document d'où provient la tradition synoptique, et le Document C.

Ce Document C, que nous avons appelé aussi Jean I, fut traduit assez tôt d'araméen en grec. C'est cette traduction qui est à l'origine de la tradition (tradition A) qui a abouti à ce que nous avons appelé un Évangile pré-johannique, attesté surtout par le commentaire de Diodore de Tarse (fragmenté et noyé dans les homélies de Jean Chrysostome) et, à l'occasion, par les Harmonies évangéliques médiévales qui auraient gardé l'écho d'une Harmonie évangélique utilisée par saint Justin, laquelle dépendait de cette tradition A. Avant d'aboutir au texte utilisé par Diodore, cette tradition s'est enrichie de certains éléments authentiquement johanniques.

Cette traduction, assez littérale, était d'un grec souvent assez rude. D'où le besoin s'est fait sentir de l'améliorer, mais en se référant à l'original araméen. C'est cette seconde traduction qui est à l'origine de la tradition (tradition B) dont dépendent nos manuscrits actuels. L'origine araméenne du Document C peut être reconnue en comparant un certain nombre de variantes qu'offrent les traditions A et B, variantes qui peuvent s'expliquer comme deux traductions également valables d'un même original araméen.

En se transmettant, la tradition B a bénéficié d'un certain nombre d'additions, constituées par des récits repris de la tradition synoptique ancienne et par des discours de Jésus. Ces additions ont dû s'effectuer à deux niveaux différents que nous avons appelés Jean IIA et Jean IIB. À ce second niveau, le texte de Jean IIB fut complété par des éléments repris de la tradition A, d'où les doublets que contient l'évangile actuel.

Finalement Luc a profondément remanié l'évangile tel qu'il le lisait au niveau de Jean IIB, lui donnant la structure qu'il a actuellement et l'enrichissant de nouveaux développemens, soit afin de le rendre plus conforme à la tradition synoptique, soit pour y introduire des thèmes qui lui étaient chers, comme la nécessité de croire sans s'appuyer sur les miracles.

D'ultimes retouchent, à vrai dire de peu d'importance, furent apportées à l'évangile johanno-lucanien par un chrétien d'origine juive, qui ont eu pour but de le judaïser quelque peu. C'est celui que, à tort, nous avons jadis appelé Jean III. Nous n'aurons pas à nous occuper de son activité rédactionnelle.

Pour ne pas compliquer les choses, nous avons continué d'appeler "Jean" les textes attribués à Jean IIA et à Jean IIB, même si actuellement nombre d'auteurs doutent qu'ils puissent remonter à Jean l'apôtre.

Cette histoire complexe de la formation de l'évangile de Jean nous montre que les rapports entre cet évangile et Luc se situent à deux niveaux différents. D'une part, parce que tous deux dépendent du même Document C, spécialement, nous l'avons dit, pour les récits de la Passion et de la Résurrection. D'autre part, parce que Luc a profondément retravaillé l'évangile hérité de Jean IIB.

Terminons par une remarque essentielle: les analyses que nous allons mener dans ce volume concernant le caractère lucanien de tel ou tel passage du quatrième évangile sont indépendantes de la façon dont nous avons conçu sa préhistoire. Même ceux qui ne voudraient pas nous suivre sur ce terrain pourront donc aborder la lecture du présent volume sans idée à priori hostile.

Jérusalem, février 2001

UNE PREMIÈRE CONCLUSION
DE L'ÉVANGILE
(20,30-31)

Il est assez couramment admis que Jn 20,30-31 constitue une première conclusion de l'évangile, ce qui fait apparaître le chapitre 21 comme une sorte d'appendice se terminant par une seconde conclusion, en 21,25. Le problème posé par ces deux conclusions est en partie conditionné par l'idée que l'on se fait de ce chapitre 21. L'analyse en est fort complexe et nous y consacrerons plus tard un chapitre spécial, ce qui nous permettra d'envisager le pourquoi de ces deux conclusions.

Mais qu'en est-il de la première conclusion qui se lit en 20,30-31? À notre connaissance, aucun auteur n'a mis en doute son authenticité johannique. De fait, elle commence par noter que Jésus a fait encore beaucoup d'autres signes devant ses disciples. Or l'évangile de Jean est le seul à désigner systématiquement par le mot "signes" les miracles accomplis par Jésus. Ils sont décrits les uns après les autres dans la première partie de l'ouvrage (chap. 2 - 11) où, selon Bultmann, l'évangéliste aurait repris ce qu'il a appelé la σημεῖα *Quelle*, la "Source des signes". De même, au verset 31, l'expression "avoir la vie" revient 13 fois dans l'évangile de Jean. Comment ne pas en conclure que les versets 30-31 seraient authentiquement johanniques?

Mais c'est aller trop vite en besogne. Une analyse stylistique de ces versets va nous montrer, à notre avis sans aucun doute possible, qu'ils furent rédigés par Luc et qu'il est possible d'expliquer la présence des deux notes johanniques qu'ils contiennent.

1. Le verset 30

Analysons d'abord le verset 30. Il a son parallèle en 21,25, la seconde conclusion de l'évangile; mais il faut le comparer aussi à 12,37 qui forme la conclusion de ce qui correspond à la "Source des signes" imaginée par

Bultmann. Voici ces textes que nous allons traduire très littéralement:

20;30	21,25
πολλὰ μὲν οὖν καὶ ἄλλα σημεῖα	ἔστιν δὲ καὶ ἄλλα πολλὰ
ἐποίησεν ὁ Ἰησοῦς	ἃ ἐποίησεν ὁ Ἰησοῦς
ἐνώπιον τῶν μαθητῶν αὐτοῦ	
ἃ οὐκ ἔστιν γεγραμμένα	ἅτινα ἐὰν γράφηται καθ' ἓν
	οὐδὲ αὐτὸν οἶμαι τὸν κόσμον χωρῆσαι
ἐν τῷ βιβλίῳ τούτῳ.	τὰ γραφόμενα βιβλία.

12,37: τοσαῦτα δὲ αὐτοῦ σημεῖα πεποιηκότος ἔμπροσθεν αὐτῶν οὐκ ἐπίστευον εἰς αὐτόν.

D'autres donc et nombreux signes	Or sont et d'autres nombreux [faits]
fit Jésus	que fit Jésus
devant ses disciples	
qui n'ont pas été écrits	qui s'ils étaient écrits un par un
	je ne pense pas que le monde lui-même
dans ce livre.	contiendrait les livres écrits.

Alors qu'il avait fait tant de signes devant eux, ils ne croyaient pas en lui.

a) Comparons d'abord 20,30 et 21,25. Nous allons montrer que 20,30 est une réinterprétation lucanienne de 21,25.

– Au lieu de la formule "et d'autres nombreux" (καὶ ἄλλα πολλά) de 21,25, nous lisons "nombreux... et autres" (πολλὰ... καὶ ἄλλα) en 20,30. L'adjectif πολλά est suivi d'un second adjectif qui lui est lié par la conjontion καί. Une telle structure littéraire ne se lit ailleurs dans le NT qu'en Lc 3,18 et Ac 25,7. Voyons ces textes de plus près.

– Le contact avec Lc 3,18 va beaucoup plus loin, comme il est facile de s'en rendre compte en les lisant à la suite:

Jn 20,30: πολλὰ μὲν οὖν καὶ ἄλλα σημεῖα ἐποίησεν...
Lc 3,18: πολλὰ μὲν οὖν καὶ ἕτερα παρακαλῶν εὐηγγελίζετο...
Nombreux donc et autres signes fit Jésus...
Nombreux donc et autres [?][1] exhortant il annonçait la bonne nouvelle...

Dans les deux textes, le second adjectif a même sens: ce sont deux

---

1 Une traduction littérale est impossible si l'on veut respecter le parallélisme entre les deux textes. Le mot "paroles" est sous-entendu, mais il faudrait mettre alors les deux adjectifs au féminin, alors qu'ils sont au neutre chez Jean comme chez Luc.

synonymes. La Koinè en effet, et souvent aussi le NT, ignorent la distinction classique entre πολλά, dit par rapport à beaucoup, et ἕτερα, dit par rapport à deux, car c'est un duel[1].

Mais surtout, les deux textes insèrent l'expression μὲν οὖν entre les deux adjectifs. Une telle expression est ignorée de Matthieu et de Marc (sauf en 16,19, dans la finale apocryphe). Elle se lit en Jn 19,24, mais dans un verset rédactionnel qui relie deux textes de tradition différente, comme nous le verrons plus loin (p. 49). Luc ne l'emploie qu'ici dans son évangile, mais elle revient 27 fois dans les Actes. Elle est donc typique du style des Actes.

Bien que moins significative, une comparaison entre Jn 20,30 et Ac 25,7 n'est pas sans intérêt:

Jn 20,30: πολλὰ... καὶ ἄλλα σημεῖα... ἃ οὐκ ἔστιν γεγραμμένα...
Ac 25,7: πολλὰ καὶ βαρέα αἰτιώματα καταφέροντες ἃ οὐκ ἴσχυον ἀποδεῖξαι..
Nombreux... et autres signes... qui n'ont pas été écrits...
Nombreux et autres griefs apportant, qu'ils ne pouvaient pas prouver.

Dans les deux textes, outre la catactéristique πολλὰ καί + adjectif, signalée plus haut, le complément direct du verbe principal est suivi d'une proposition relative de forme négative. La structure des deux phrases est analogue.

– Jn 20,30 se distingue de 21,25 en ce qu'il introduit la notion de "signes" et qu'il précise que Jésus les aurait accomplis "devant ses disciples" (ἐνώπιον τῶν μαθητῶν αὐτοῦ). Dans les évangiles et les Actes, cette préposition se lit dans la proportion suivante: 0/0/23/1/13[2]. Elle ne se lit qu'ici chez Jean, qui préfère le synonyme ἔμπροσθεν, alors qu'elle est courante chez Luc et dans les Actes.

Mais voyons de plus près Jn 12,37: «Or tandis qu'il avait fait tant de signes devant eux (ἔμπροσθεν αὐτῶν) ils ne croyaient pas.» Ce verset vient en *conclusion* de la première partie de l'évangile de Jean où sont racontés tous les "signes" qu'accomplit Jésus durant son ministère public. Par ailleurs, ces "signes" auraient dû normalement conduire ceux qui les avaient vus à croire en Jésus. De même, selon Jn 20,31, les "signes" ont

1 Cf. F. BLASS and A. DEBRUNNER, *Greek Grammar,* § 306.
2 Ces chiffres renvoient successivement à Matthieu, Marc, Luc, Jean et Actes.

pour but de provoquer la foi en Jésus. Les deux textes de 20,30-31 et de 12,37 sont donc étroitement liés. On peut alors penser que, pour rédiger sa conclusion générale de 20,30, Luc s'est inspiré, non seulement de 21,25, mais aussi de 12,37. Ceci justifie la mention des "signes" dans ce texte. Sans doute, il arrive à Luc d'utiliser ce terme pour désigner des miracles (Ac 4,16.22 et surtout 8,6); mais sa présence en 20,30 se réfère certainement aux "signes" accomplis par Jésus selon l'évangile de Jean. On notera qu'en utilisant 12,37, Luc change le ἔμπροσθεν johannique en cet ἐνώπιον qu'il affectionne particulièrement.

– Jn 20,30 se termine par ces mots: "qui n'ont pas été écrits dans ce livre" (ἃ οὐκ ἔστιν γεγραμμένα ἐν τῷ βιβλίῳ τούτῳ). Le substantif βιβλίον se lit aussi en Jn 21,25. Mais dans ce dernier texte, il est au pluriel et ne désigne donc pas un ouvrage déterminé. En 20,30, il est au singulier et le démonstratif qui l'accompagne renvoie à l'évangile dont ce verset forme la conclusion. Dans le NT, les seuls autres cas au singulier se lisent en Lc 4,17.17.20 où il s'agit du livre du prophète Isaïe. On comparera spécialement Jn 20,30 à Lc 4,17b "et ayant ouvert *le livre* il trouva le passage *où était écrit...*" (καὶ ἀναπτύξας τὸ βιβλίον εὗρεν τὸν τόπον οὗ ἦν γεγραμμένον).

En conclusion de ces analyses, nous pouvons affirmer que Jn 20,30 fut écrit, non pas par Jean, mais par Luc. L'analyse du verset 31 va le confirmer.

2. Le verset 31.

a) Analysons d'abord le verset 31b "et afin que, en croyant, vous ayez la vie en son nom" (καὶ ἵνα πιστεύοντες ζωὴν ἔχητε ἐν τῷ ὀνόματι αὐτοῦ). La formule "avoir la vie" est incontestablement johannique (comme le mot "signe" au verset 30): elle revient 13 fois dans l'évangile de Jean alors qu'elle est ignorée de Luc.

Il n'en va pas de même de la formmule "en son nom" (ἐν τῷ ὀνό-ματι αὐτοῦ), qui se rattache grammaticalement à l'expression "avoir la vie" (et non au verbe "croire"). Il est vrai que, lorsqu'il s'agit du nom du Christ (et non du nom du Père), la formule "au nom de" revient six fois chez Jean, mais toujours dans une parole du Christ concernant la prière, et sous la forme stréotypée "en mon nom" (ἐν τῷ ὀνόματί μου;

14,13.14.26; 16,23.24.26). Dans les autres cas, Jean préfère la formule εἰς τὸ ὄνομα qui suit toujours immédiatement le verbe "croire" (1,12; 2,23; 3,18; 1 Jn 5,13). Si Jean était l'auteur de ce demi verset, il aurait écrit : ἵνα πιστεύοντες εἰς τὸ ὄνομα αὐτοῦ ζωὴν ἔχητε αἰώνιον.

Au contraire, l'expression ἐν τῷ ὀνόματι, où il s'agit toujours du nom de Christ, est fréquente dans les Actes (3,6; 4,10; 9,27.28;10,48; 16,18). Elle n'y est jamais liée au verbe "croire". En 3,6 et 4,10, il s'agit de la guérison d'un infirme effectuée "au nom de Jésus". En 10,48, c'est le baptême qui est conféré "au nom de Jésus". En 16,18, c'est un démon qui est chassé "au nom de Jésus". Tous ces thèmes (surtout le premier) évoquent plus ou moins celui de la vie, que Luc adopte ici par influence johannique.

En résumé, la formule de Jn 20,31 "en som nom" (ἐν τῷ ὀνόματι αὐτοῦ), avec le pronom personnel à la troisième personne se référant au Christ, est unique chez Jean. Elle correspond au contraire à la formule lucanienne "au nom de Jésus" (ἐν τῷ ὀνόματι Ἰησοῦ).

Malgré la présence de la formule"avoir la vie", ce demi verset doit avoir été écrit, non pas par Jean, mais par Luc.

b) L'évangile de Jean est celui qui a le mieux mis en évicence la divinité du Christ. Pour être sauvé, il faut croire en cette divinité: «Celui qui ne croit pas est déjà jugé, parce qu'il n'a pas cru au nom du Fils, Unique Engendré (μονογενοῦς) de Dieu» (3,18). Mais selon Jn 10,31-36, se dire "Fils de Dieu" ne constitue pas un blasphème; c'est donc un titre purement messianique, comme en Ps 2,2.7. C'est pour cette raison que Jean lui préfère le titre "Unique Engendré" (μονογενῆς), qui, lui, ne peut s'appliquer qu'à l'Homme-Dieu. Si Jean avait rédigé ce verset 31a, on peut penser qu'à l'analogie de 3,18 il aurait écrit : «... afin que vous croyiez que Jésus est le Christ, le Fils Unique Engendré de Dieu. »

En conclusion de toutes ces analyses, nous pouvons affirmer que la première conclusion de l'évangile (20,30-31) fut rédigée, non pas par Jean mais par Luc. Sa technique est la suivante. Il reprend deux textes qu'il lisait dans l'évangile de Jean: 21,25 et 12,37, dont il dédouble le premier. En reprenant ces textes, il les corrige pour y introduire son style: ἐνώπιον au lieu de ἔμπροσθεν, et ἐν τῷ ὀνόματι au lieu de εἰς τὸ ὄνομα.

Enfin, comme il connaît parfaitement l'évangile de Jean, il peut insérer une formlule courante dans cet évangile: "avoir la vie".

Rappelons ce que nous avons dit plus haut: c'est seulement après avoir analysé le chapitre 21 que nous reprendrons le problème posé par les deux conclusions de l'évangile: 20,30-31 et 21,25.

3. Les miracles et la foi

Mais les lecteurs qui auront la patience de continuer à nous lire ne manqueront pas de nous objecter qu'en attribuant 20,30-31 à Luc, nous risquons de le mettre en contradiction avec lui-même. Dans le chapitre suivant, en effet, nous allons montrer que Luc a voulu introduire dans l'évangile de Jean, et en de nombreux passages, le thème qu'une foi qui s'appuie sur les signes accomplis par Jésus est une foi imparfaite; la véritable foi doit s'appuyer sur l'enseignement du Christ. Or, en 20,31, Luc écrit que "ceux-ci [les signes rapportés dans l'évangile] ont été écrits pour que vous croyiez que Jésus est le Christ, le Fils de Dieu". Les signes conduisent à la foi! N'est-ce pas contraire à la pensée de Luc? Nous reconnaissons que l'objection est sérieuse. Voici comment nous croyons pouvoir la résoudre. En reprenant l'évangile de Jean, Luc n'a pas supprimé les nombreux passages où l'on voit qu'effectivement les miracles ont souvent amené les gens à la foi. Il reconnaît donc implicite‐ment la valeur apologétique des signes. Ce qu'il critique, c'est une foi qui ne s'appuierait que sur eux. Par ailleurs, nous avons vu que le texte de 20,30 rappelait celui de 12,37, où l'évangile de Jean constate que nombre de Juifs n'ont pas cru malgré les signes qu'a accomplis Jésus devant eux. Sa conclusion de 20,30-31 reprenait donc la thématique de 12,37.

Mais la difficulté à laquelle nous semblons nous heurter peut être résolue d'une façon plus satisfaisante. Comment interpréter le ταῦτα γέγραπται qui commence le verset 31? Pour nombre de commentateurs, le démonstratif renverrait aux signes rapportés dans l'évangile. Mais c'est difficile! Ils sont trop loin pour pouvoir être désignés par ce démonstratif. Dans son commentaire[1], R. BROWN écrit: «The neuter plural *tauta* can refer to "signs" or more generally to all "the things" in the Gospel. Schwank thinks that the latter is meant, but the contrast between signs not

---

1 Page 1056.

written down and signs that have been written down il too obvious to overlook.» Mais n'est-ce pas Schwank qui aurait raison? Le démonstratif impliquerait, non seulement les signes accomplis par Jésus, mais encore toutes ses paroles. C'est le thème de Jn 15,22.24: «Si je n'étais pas venu et leur avait parlé, ils n'auraient pas de péché... Si je n'avais pas fait parmi eux des œuvres que nul autre n'a faites, ils n'auraient pas de péché..».

Mais nos lecteurs se poseront dès maintenant la question: Luc s'est-il contenté de composer une nouvelle finale à l'évangile de Jean, ou son activité littéraire ne serait-elle pas beaucoup plus considérable? C'est cette seconde hypothèse qui est la vraie, comme vont le montrer nos analyses suivantes. Nous allons voir que l'activité rédactionnelle de Luc fut en fait assez considérable.

LES MIRACLES ET LA FOI

L'évangile de Jean contient deux conceptions différentes des rapports entre les miracles, appelés des "signes", et la foi[1].

Selon les couches les plus anciennes (Document C, repris par Jean), si Dieu donne à Jésus le pouvoir d'accomplir des signes, c'est pour prouver aux hommes qu'il a bien été envoyé par Lui, c'est pour accréditer sa mission. Ce thème a son origine dans le récit d'Ex,4,1-9, comme nous le verrons dans le prochain chapitre: pour qu'il soit reconnu par ses frères comme son envoyé, Dieu donne à Moïse le pouvoir d'accomplir trois "signes"; il en va de même de Jésus qui apparaît ainsi comme un nouveau Moïse[2]. Deux textes johanniques donnent la raison de cette valeur apologétique des signes. En Jn 3,2, Nicodème reconnaît: «Rabbi, nous savons que tu as été envoyé par Dieu comme Maître; nul en effet ne peut accomplir les signes que tu fais à moins que Dieu ne soit avec lui.» C'est ce qu'affirme aussi aux autorités juives incrédules l'aveugle que Jésus vient de guérir: «On n'a jamais entendu dire que quelqu'un ait ouvert les yeux d'un aveugle; si celui-ci [Jésus] n'était pas [venu] de la part de Dieu, il ne pourrait rien faire» (9,32-33). À Jérusalem, si beaucoup croient au nom de Jésus, c'est parce qu'ils voient les signes qu'il accomplit (2,23). Ce thème sera repris en 4,45, qui renvoie explicitement à 2,23 : «Lors donc qu'il vint en Galilée, les Galiléens le reçurent ayant vu tout ce qu'il avait fait à Jérusalem pendant la fête, car eux aussi étaient venus à la fête.» Si les foules suivent Jésus en Galilée; c'est parce qu'elles voient les signes qu'il accomplit sur les malades (6,2). Si Jésus ressuscite Lazare, c'est afin que la foule qui est là croie qu'il a été envoyé par Dieu (11,42). On pourrait citer d'autres textes encore qui expriment la même idée. Les signes qu'accomplit Jésus dépassent les forces humaines; ils ne peuvent

---

1 Voir notre article "Rapports entre foi et miracles dans l'évangile de Jean", *ETL* 58 (1982) 357-364.

2 Voir notre livre *Moïse ou Jésus. Essai de christologie johannique,* chap. 1.

être que l'œuvre de Dieu. Si Jésus les accomplit, c'est parce que Dieu agit en lui. Il doit donc être l'envoyé de Dieu. Dans cette perspective, les signes précèdent la foi et la conditionnent.

Lorsqu'il remanie l'évangile de Jean, Luc conserve tous ces textes. Il reconnaît donc une certaine valeur apologétique aux signes. Mais pour lui, une foi qui s'appuie uniquement sur les signes est une foi imparfaite, une foi qui risque de s'évanouir à la première difficulté. La seule foi solide est celle qui s'appuie sur la parole de Jésus, sur son enseignement. Luc rejoint ainsi la tradition synoptique selon laquelle Jésus guérit celui qui croit en lui: le miracle suit la foi et est conditionné par elle. Ce thème est résumé dans la parole que prononce Jésus "Ta foi t'a sauvé(e)" (Mt 9,22; Mc 5,34; 10,52; Lc 8,48; 17,19; 18,42). Voici les passages où Luc a remanié ou complété l'évangile de Jean primitif pour y introduire cette thématique.

I. LA GUÉRISON DU FILS DU FONCTIONNAIRE ROYAL (Jn 4,46-54)[1]

1. Un récit surchargé

Ce récit offre un certain nombre de difficultés notées depuis longtemps par les commentateurs.

Il est difficile de justifier le reproche que fait Jésus au père de l'enfant malade: «Si vous ne voyez des signes et des prodiges, vous ne croyez donc pas!» (v. 48). Cet homme va justement croire sans avoir vu de miracle, sur la simple parole du Christ (v. 50). Sa démarche auprès de Jésus, à elle seule, montre qu'il le croit capable de guérir son fils, donc qu'il croit en lui. On notera par ailleurs la formulation à la deuxième personne du pluriel: ce reproche semble s'adresser aux chrétiens de la deuxième génération qui n'avaient pas vu les miracles accomplis par Jésus durant sa vie terrestre. Comme l'a bien noté E. Schweizer[2], le verset 48 semble inséré maladroitement dans un récit plus ancien, ce qui aurait

---

1 Nous reprenons, d'une façon plus simple mais aussi plus complète, les analyses que nous avons faites dans notre commentaire sur l'évangile de Jean, pp. 146-152.

2. "Die Heilung des Königlichen : Joh. 4,46-54," dans *EvTh*, 1951, p. 64.

même fonctionnaire doit signifier "il embrassa la foi chrétienne", "il se fit chrétien", sens favorisé également par l'aspect collectif de l'événement: "lui et toute sa maison". Un tel sens ne se justifie que dans le contexte de l'expansion de l'Église racontée dans les Actes des apôtres.

Les notes lucaniennes de Jn 4,51-53 ne s'arrêtent pas là. La fin du verset 50 (de Jean, mais gardé par Luc) et le début du verset 51 doivent être rapprochés de Lc 7,6 qui fait partie d'un récit parallèle à celui de Jean: la guérison à Capharnaüm du fils d'un centurion:

Jn 4,50-51	Lc 7,6
ἐπίστευσεν ὁ ἄνθρωπος...	ὁ δὲ Ἰησοῦς...
καὶ ἐπορεύετο	ἐπορεύετο
ἤδη δὲ αὐτοῦ καταβαίνοντος...	ἤδη δὲ αὐτοῦ... ἀπέχοντος...
L'homme crut	Or Jésus
et il partait	partait
or déjà lui descendant...	or déjà lui... étant loin...

Ce qui rapproche les deux textes, ce n'est pas la structure grammaticale de la dernière phrase (on en a l'équivalent en Jn 7,14: "Or déjà la fête étant dans son milieu..."), c'est le lien avec le verbe "il partait".

Notons encore au verset 52, le verbe "interroger" (πυνθάνεσθαι). Il ne se lit nulle part ailleurs chez Jean, jamais chez Marc, une fois seulement chez Matthieu, mais deux fois chez Luc et sept fois dans les Actes. Il n'est donc pas johannique, mais plutôt lucanien.

Faisons une dernière remarque. Dans le récit primitif, le fils du fonctionnaire royal est désigné par le terme "fils" (υἱός), repris littéralement au verset 53, tandis que l'on a "enfant" (παιδίον) aux versets 49 et 51. Dans le récit parallèle de la guérison du fils du centurion, Luc change également les termes: il a "serviteur" (δοῦλος) en 7,2.3, mais "enfant" (παῖς) au verset 7.

On peut donc conclure que Luc a complété le récit johannique primitif, y ajoutant les versets 48-49 et 51-53, pour y introduire ce thème: il n'est pas besoin de s'appuyer sur des miracles pour croire en Jésus; il suffit de croire en sa parole.

II. L'APPARITION À THOMAS
(20, 24-29)

Cette conclusion nous invite à analyser le récit de l'apparition du Christ ressuscité à Thomas[1]. La pointe du récit est annoncée dès les versets 24-25. L'évangéliste vient de raconter une apparition de Jésus à ses disciples, sans que leurs noms soient indiqués (20,19-20). Le verset 24 précise que Thomas n'était pas présent lors de cette apparition. Les autres disciples lui disent: «Nous avons vu le Seigneur.» Mais Thomas leur répond: «Si je ne vois dans ses mains la place des clous et si je ne mets mon doigt à la place des clous et si je ne mets ma main à son côté, je ne croirai pas.» Il a donc besoin de voir (et aussi de toucher) pour croire, ce que Jésus lui reproche au verset 29: «Parce que tu as vu, tu as cru; bienheureux ceux qui ont cru sans avoir vu.» Sans qu'il soit question à problement parler de "signe", de miracle, la problématique est analogue à celle que Luc a ajoutée dans le récit de la guérison du fils du fonctionnaire royal, que nous venons d'analyser: pour croire, il n'est pas besoin de "voir" (un miracle, ou les plaies du Christ).

De fait, la réflexion de Thomas au verset 25 a même forme littéraire que le reproche fait par Jésus au fonctionnaire royal en 4,48:

20,25: ἐὰν μὴ ἴδω... οὐ μὴ πιστεύσω
4,48: ἐὰν μὴ ἴδετε... οὐ μὴ πιστεύσητε
Si je ne vois pas ... je ne croirai pas
Si vous ne voyez pas ... vous ne croirez pas

Le reproche de Jésus et la méfiance de Thomas sont exprimés dans les mêmes termes. Nous sommes au même niveau de rédaction, celui de Luc.

Thomas veut "voir" pour pouvoir "croire". C'est pourquoi Jésus lui dit: "... et vois mes mains", de même qu'en Lc 24,39 il dit aux disciples "voyez mes mains".

Finalement vient la pointe du récit, au verset 29: «Bienheureux ceux

---

1 Nombre de commentateurs tiennent ce récit pour secondaire (Wellhausen, Spitta, Lindars, Hartmann, Brown, Schnackenburg); voir notre commentaire sur l'évangile de Jean, pp. 472-474. Nous l'avions attribué à Jean IIB, mais nous pensons maintenant qu'il fut entièrement rédigé par Luc.

qui, n'ayant pas vu, ont cru (μακάριοι οἱ μὴ ἰδόντες καὶ πιστεύσαντες).» On la rapprochera de Lc 1,45 où il est dit de Marie: «Bienheureuse celle qui a cru (μακαρία ἡ πιστεύσασα). Ce sont les deux seuls textes du NT où sont déclarés bienheureux ceux qui croient. Précisons que l'adjectif μακάριος ne se lit ailleurs chez Jean qu'en 13,17 alors qu'il revient 15 fois chez Luc. Il est vrai qu'à six reprises il l'a en parallèle avec Matthieu, mais il reste 9 cas où il est seul à l'employer: 1,45; 11,27.28; 12,37.38.43; 14,14.15; 23,29.

Au verset 27, Jésus dit à Thomas: «Ne sois plus incroyant, mais croyant (μὴ γίνου ἄπιστος ἀλλὰ πιστός).» Aucun de ces deux adjectifs ne se lit ailleurs chez Jean. Le premier est attesté en Mt 17,17 = Mc 9,19 = Lc 9,41, mais aussi en Lc 12,46 (utilisé comme substantif) et Ac 26,8. Quand au second, il se lit dans des textes propres à Luc en 16,10.11; 6,11-12; 19,17 et Ac 10,45; 16,1.15.

Ajoutons une dernière remarque, *the last but non the least*. Au verset 26, la description de l'apparition de Jésus aux disciples ne fait que démarquer celle qui est décrite au verset 19 dans le récit précédent. Les différences sont minimes et dues en partie à la situation nouvelle.

20,19	20,26
Comme c'était le soir,	
ce jour-là	Et après huit jours, de nouveau,
le premier de la semaine	
et les portes étant fermées	
où étaient les disciples	ses disciples étaient à l'intérieur
par peur des Juifs	
	et Thomas avec eux
vint Jésus	vient Jésus
	les portes étant fermées
et il se tint au milieu	et il se tint au milieu
et il dit: Paix à vous.	et il leur dit: Paix à vous.

Le déplacement de l'expression "les portes étant fermées" veut simplement accentuer le caractère miraculeux de la venue de Jésus. Ce procédé qui consiste à dédoubler un texte de l'évangile primitif est celui que nous avons constaté à propos de Jn 20,30 qui reprend le texte de 21,25. Nous le retrouverons encore lorsque, un peu plus loin, nous discuterons le récit de la résurrection de Lazare.

Nous pouvons donc conclure que c'est Luc qui a rédigé le récit de l'apparition à Thomas, en 20,24-29. Il l'a composé pour introduire le thème de la foi qui ne doit pas s'appuyer sur une expérience sensible, ici surtout sur la vision des plaies de Jésus.

III. JÉSUS ET LES SAMARITAINS
(4,39-42)[1]

Jésus a déclaré à la Samaritaine qu'elle avait eu cinq maris (4,16-18). Celle-ci court alors à son village et déclare aux gens qui s'y trouvent: «Venez voir un homme qui m'a dit tout ce que j'ai fait. Celui-ci ne serait-il pas le Christ? » (4,29). Beaucoup alors crurent en Jésus "à cause de la parole de la femme attestant qu'il m'a dit tout ce que j'ai fait" (4,39). La foi de la femme et de ses compatriotes est motivée par la connaissance surnaturelle qu'a Jésus d'un fait qu'il aurait dû ignorer, ce qui le désigne au moins comme un prophète. Sur la demande des gens du village, Jésus vient alors passer deux jours chez eux, et l'évangéliste constate: «Et ils crurent en beaucoup plus grand nombre à cause de sa parole, et ils disaient à la femme: "Ce n'est plus en raison de tes paroles que nous croyons; car nous-même nous avons entendu et nous savons que celui-ci est vraiment le Sauveur du monde"» (4,41-42).

Nous sommes ramenés aux cas examinés jusqu'ici: la foi des Samaritains est motivée maintenant par la parole du Christ, qu'ils ont entendue directement, et non par la connaissance surnaturelle du Christ que Luc pouvait considérer comme l'équivalent d'un "signe". Or, dans notre ouvrage *Un évangile pré-johannique*, nous avons montré que les versets 41-42, ignorés de Diodore de Tarse, n'appartenaient pas à l'évangile primitif (p. 280). D'après toutes nos analyses précédentes, nous pouvons en conclure qu'ils furent ajoutés par Luc.

On s'explique alors la confession de foi finale "Celui-ci est vraiment le Sauveur du monde". Ce titre "Sauveur", appliqué à Jésus, inconnu de Matthieu et de Marc et ici seulement chez Jean, fréquent dans les épîtres

---

1 Nous avions jadis attribué ces versets à Jean IIB (notre commentaire, p. 135); nous croyons maintenant qu'ils sont de Luc.

pastorales, se lit aussi en Lc 2,11: «Il vous est né aujourd'hui un Sauveur.» Luc l'utilise aussi dans les Actes des apôtres: «Celui-ci, Dieu l'a exalté comme Chef et Sauveur» (5,31); en encore: «Dieu a amené à Israël Jésus comme Sauveur» (13,23). Ce titre attribué à Jésus est donc normal de la part de Luc, mais il ne l'est pas de la part de Jean. Pour Luc ici, les Samaritains comprennent que Jésus est Sauveur grâce à l'enseignement qu'il leur donne. Nous avons vu déjà que cet auteur glissait dans ses gloses ou ses additions des réminiscences de l'évangile de Jean. Ici, il pense peut-être à la parole de Pierre rapportée en Jn 6,68: «Seigneur, à qui irions-nous? Tu as les paroles de la vie éternelle.»

IV. UNE FOI DÉFAILLANTE
(2,23-25)[1]

Ce court passage est intéressant car il montre bien le peu de valeur que Luc attribue à une foi qui s'appuierait seulement sur les signes accomplis par Jésus. En 2,23, en le remaniant peut-être quelque peu au début, Luc reprend un texte en provenance de sa source: «Or comme il était à Jérusalem durant la Pâque, durant la fête, beaucoup crurent en son nom en voyant les signes qu'il faisait.» C'est bien la perspective des nivaux anciens: les signes conduisent à la foi. Mais Luc ajoute les versets 24-25 pour relativiser la valeur de cette foi: «Mais Jésus, lui, ne se fiait pas à eux, parce qu'il les connaissait tous et qu'il n'avait pas besoin d'un témoignage sur l'homme: car lui-même connaissait ce qu'il y avait dans l'homme.» C'est dire implicitement qu'une foi fondée uniquement sur la vue des signes n'est pas solide, elle ne tiendra pas. Le texte de 4,45 fait penser le contraire puisque les Galiléens, qui ont cru en raison des signes accomplis par Jésus à Jérusalem, le reçoivent bien et donc continuent à croire en lui. Il est difficile d'attribuer au même niveau de rédaction les versets 2,23 et 4,45 d'une part, les versets 2,24-25 d'autre part.

Analysons alors de près le vocabulaire utilisé aux versets 24 et 25. Notons d'abord le αὐτὸς δέ ("Mais lui") du début du verset 24, nulle part ailleurs chez Jean mais fréquent chez Luc (2/2/9/1/1). Notons ensuite le

---

1 Voir notre commentaire sur l'évangile de Jenn, p. 110 s. Nous avions attribué le verset 23 (sauf le début) à Jean IIA et les versets 24-25 à Jean IIB.

verbe πιστεύειν avec le sens de "se fier à"; à l'actif, comme ici, on ne le trouve ailleurs dans tout le NT qu'en Lc 16,11, avec un sens analogue: «Si donc vous ne vous êtes pas montrés fidèles (πιστοί) pour le malhonnête Argent, qui vous confiera (τίς ὑμῖν πιστεύσει) le vrai bien?» (plusieurs fois chez Paul au passif)[1]. Quant à la préposition διά suivie d'un infinitif, elle ne se trouve qu'ici chez Jean tandis qu'elle est fréquente chez Luc et dans les Actes (3/3/8/1/8). Ces versets 24-25 ne sont donc pas de rédaction johannique, mais lucanienne. On objectera que la formule "avoir besoin", attestée dans tous les livres du NT, n'est suivie de la conjonction ἵνα qu'ici et en Jn 16,30 . On sait que cette conjonction est fréquente chez Jean; Luc n'aurait-il pas voulu imiter le style johannique? Il reste que cette volonté de critiquer une foi qui ne s'appuierait que sur les signes accomplis par Jésus est typiquement lucanienne, comme l'ont montré les analyses précédentes. Nous pensons donc qu'il faut attribuer à Luc au moins les versets 24 et 25.

V. LA RÉSURRECTION DE LAZARE (11,1-46)[2]

Les analyses précédentes nous ont montré que les rapports entre les miracles (les signes) et la foi se situaient à deux niveaux différents de rédaction. Aux niveaux les plus anciens, le miracle avait une valeur apologétique et conditionnait la foi: on croit que Jésus a été envoyé par Dieu parce qu'on voit les signes qu'il accomplit. À cette conception primitive, Luc en a ajouté une autre, plus proche de la tradition synoptique: il n'est pas besoin de voir des signes pour croire en la mission de Jésus; il faut avant tout écouter sa parole, l'enseignement qu'il nous donne. Dans cette perspective, la foi précède le miracle: c'est en raison de notre foi que le Christ nous accorde ce que nous lui demandons.

Or ces deux conceptions différentes des rapports entre les miracles et la foi se trouvent exprimées dans le récit de la résurrection de Lazare, et à

---

1 Cf. BAUER-ALAND, *Wörterbuch,* col. 1332.

2 Nous avons longuement discuté ce récit dans notre commentaire, pp. 276-294 en y distinguant quatre niveaux de rédaction. Nous avons ici simplifié le problème en ne nous occupant que de l'addition du personnage de Marthe, que nous attribuons maintenant à Luc.

quelques versets d'intervalle. Aux versets 41-42, juste avant de ressusciter Lazare, le Christ adresse à Dieu cette prière: «Père, je te remercie de ce que tu m'as exaucé; or moi, je savais que tu m'exauces toujours, mais c'est à cause de la foule qui se tient alentour que j'ai parlé, afin qu'ils croient que tu m'as envoyé.» Le miracle, que Jésus va accomplir grâce à Dieu, sera la preuve de sa mission divine. C'est la thématique des niveaux anciens de l'évangile. Mais au verset 40, Jésus avait dit à Marthe: «Ne t'ai-je pas dit que si tu croyais tu verrais la gloire de Dieu?» Il faut croire pour obtenir la résurrection de Lazare. La foi précède le miracle et le conditionne. C'est la thématique lucanienne.

Cette constatation nous invite à poser le problème de l'unité littéraire du récit. Les analyses qui vont suivre vont nous montrer qu'effectivement la source reprise par Luc ne mettait en scène que le personnage de Marie; celui de Marthe fut ajouté plus tard. Et puisque, d'après le verset 40, le thème lucanien de la foi qui conditionne le miracle est lié au personnage de Marthe, c'est Luc qui aurait introduit dans le récit tout ce qui concerne Marthe. D'autres indices littéraires vont le confirmer.

1. Un récit remanié par Luc

a) Notons d'abord que le récit actuel offre une tension interne. Nous lisons au verset 1: «Or il y avait un malade, Lazare, de Béthanie, du village de Marie et de Marthe sa sœur.» Marie apparaît comme le personnage principal, et Marthe n'est nommée qu'en référence à elle. Le verset 45 est encore plus typique: «Or beaucoup de Juifs qui étaient venus auprès de Marie et qui avaient vu ce que Jésus avait fait, crurent en lui.» C'est la thématique des niveaux anciens: la vue du miracle provoque la foi des assistants; or Marthe n'est pas même nommée!

Un problème de critique textuelle viendrait confirmer cette hypothèse. Nous lisons au verset 3: «Envoyèrent donc les sœurs vers lui en disant [λέγουσαι, au pluriel].» Mais le plus ancien témoin ici du texte johannique, P⁶⁶* (première main), un papyrus daté des environs de l'an 200, donne le texte sous cette forme: «Or envoya Marie vers lui en disant [λεγουσα, au singulier].» Reportons-nous alors au verset 1. Le texte courant précise que Lazare était "du village de Marie et de Marthe sa sœur". Le possessif, αὐτῆς, est au féminin et renvoie donc à Marie, dont Marthe est la sœur. Mais on lit dans P⁶⁶* (première main) ce texte impossible: «... du village de Marie et de Marie sa sœur.» Le nom de Marie est dédoublé et le possessif, au masculin (αὐτοῦ), renvoie à Lazare. Cette seconde variante est attestée aussi par le manuscrit A, l'évangéliaire 32 et Augustin. Grammaticalement, elle ne peut se justifier que selon deux hypothèses différentes. Selon la première, le mot "sœur" devrait être au pluriel, comme l'atteste Augustin (*sorores eius*). Selon la seconde, Marie seule était nommée: "du village de Marie sa sœur", c'est-à-dire la sœur de Lazare. Puisque ce pronom au masculin est attesté par P[66*], cette seconde hypothèse est la seule logique, étant donné la forme du verset 3 dans ce papyrus, où Marie seule est nommée. Le scribe recopiant le papyrus connaît une autre forme de texte selon laquelle deux femmes étaient nommées; il corrige donc le texte de son archétype en ajoutant maladroitement le nom de Marie au lieu de celui de Marthe. Nous nous trouvons donc devant une tradition textuelle selon laquelle Marie seule était nommée aux verset 1 et 3, comme au verset 45. Puisque le personnage de Marthe apparaît aux côtés de Marie dans toute la suite du récit sous sa forme actuelle, il est impensable qu'un réviseur du texte johannique ait supprimé le nom de Marthe aux versets 1 et 3 tandis que l'addition de ce nom s'imposait.

Mais le verset 5 donne au contraire le primat à Marthe: «Or Jésus aimait Marthe et sa sœur et Lazare.» Marie n'est même pas nommée par son nom et n'est désignée qu'en référence à sa sœur Marthe. Ces différents textes ne peuvent pas appartenir au même niveau de rédaction. Cette conclusion reste valable même si l'on n'admet pas aux versets 1 et 3 le texte donné par P[66*].

Or nous avons un indice littéraire selon lequel les verset 4 et 5 furent ajoutés au récit primitif. On lit en effet au début du verset 6: «Lors donc qu'il eut entendu qu'il était malade...» Cette proposition reprend, en ordre inversé, deux des mots qui terminent le verset 3 et qui commencent le verset 4: «... celui que tu aimes est malade. Or ayant entendu, Jésus dit... » Nous sommes en présence d'un procédé littéraire classique: la "reprise rédactionnelle" (*Wiederaufnahme*). Cette reprise rédactionnelle indique l'insertion dans le récit primitif des versets 4 et 5, donc de ce verset 5 qui donne le primat à Marthe sur Marie.

Une particularité de style indique ici la main de Luc. Donnons en grec les termes de cette reprise rédactionnelle: "... est malade. Or ayant entendu, Jésus... (ἀσθενεῖ. ἀκούσας δὲ ὁ Ἰησοῦς) - "Lors donc qu'il eut

Jésus... (ἀσθενεῖ. ἀκούσας δὲ ὁ Ἰησοῦς) - "Lors donc qu'il eut entendu qu'il était malade" (ὡς οὖν ἤκουσεν ὅτι ἀσθενεῖ). La formule ἀκούσας δέ ne se lit nulle part ailleurs chez Jean alors que, au singulier ou au pluriel, elle est fréquente chez Luc et surtout dans les Actes (6/1/5/1/12). On notera spécialement Lc 18,22: ἀκούσας δὲ ὁ Ἰησοῦς, comme ici. Nous avons donc une reprise rédactionnelle inversée[1] composée par Luc.

b) Nous lisons aux versets 39-41a: «Jésus dit: "Enlevez la pierre. La sœur de celui qui était mort, Marthe, lui dit: "Seigneur, il sent déjà car c'est le quatrième jour". Jésus lui dit: "Ne t'ai-je pas dit que si tu croyais tu verrais la gloire de Dieu?" Ils enlevèrent donc la pierre.» Marthe est encore ici en scène sans que l'on parle de sa sœur Marie. Comme nous l'avons signalé plus haut, le rapport entre le miracle et la foi est ici celui que Luc a ajouté en remaniant l'évangile de Jean: c'est la foi qui obtient le miracle. On doit donc se trouver devant un texte surchargé par Luc.

Or un indice littéraire permet de penser qu'il s'agit effectivement d'une insertion dans le récit primitif. Ailleurs, dans l'évangile, lorsque Jésus donne un ordre, l'exécution de cet ordre suit immédiatement. Le même verbe est repris, presque toujours suivi de la conjontion "donc" (οὖν). Ainsi en 2,7: «Jésus leur dit: "Emplissez d'eau les jarres"; il les remplirent jusqu'en haut.» En 6,10: «Jésus dit: "Faites asseoir les gens. Il y avait beaucoup d'herbe en ce lieu. S'assirent donc les hommes...» En 6,12-13: «Jésus dit: "Rassemblez les morceaux qui restent, afin que rien ne se perde". Ils les rassemblèrent donc...» En 9,7: «Et il lui dit: "Va te laver à la piscine de Siloé" (ce qui veut dire "envoyé"). Il s'en alla donc et se lava...» En 21,6: «Or lui leur dit: "Jetez le filet à la droite du bateau, et vous trouverez". Ils le jetèrent donc...» Dans le présent récit, on aurait donc attendu la séquence: «Jésus dit: "Enlevez la pierre". [ ] Ils enlevèrent donc la pierre...» Tout le dialogue entre Marthe et Jésus semble donc ajouté par Luc au récit primitif pour y introduire le thème selon lequel c'est la foi qui obtient le miracle.

On notera en passant que la formule "voir la gloire de Dieu" (v. 40) ne se lit ailleurs dans tout le NT qu'en Ac 7,55.

---

1 Les mots appartenant au récit primitif ne viennent qu'en second.

Ajoutons un détail. Au verset 1, dans le récit primitif, il n'était pas dit que Marthe était la sœur de Lazare puisqu'il s'agissait seulement de Marie. Luc ne le dit pas non plus en remaniant ce verset 1. Il veut donc l'indiquer en précisant, au verset 39, que Marthe était "la sœur de celui qui était mort" (ἡ ἀδελφὴ τοῦ τετελευτηκότος). Mais ce verbe est inconnu par ailleurs de Jean alors qu'il est attesté en Lc 7,2 (ajouté au parallèle de Matthieu); Ac 2,29 et 7,15.

c) En analysant les récits précédents, nous avons mis en lumière un des procédés littéraires de Luc: pour composer son texte, il dédouble certains passages de l'évangile primitif. Ainsi, pour composer la finale de 20,30, il dédouble celle de 21,25. Pour composer la seconde apparition du Ressuscité aux Onze, y compris Thomas (20,26), il se contente de dédoubler l'apparition aux disciples racontée en 20,19 (voir les textes p. 29). Or on retrouve ici le même procédé littéraire. Le récit primitif ne mettait en scène que Marie; Luc veut y ajouter le personnage de Marthe. Pour décrire la rencontre entre Marthe et Jésus, il reprend, moyennant une inversion, ce que le récit primitif disait de la rencontre entre Marie et Jésus. Les deux sœurs font à Jésus le même reproche, exprimé dans les mêmes termes: «Seigneur, si tu avais été là, mon frère ne serait pas mort» (vv. 21 et 32). Le récit primitif mentionnait "les Juifs qui étaient avec elle [Marie] dans la maison et qui la consolaient" (v. 31); Luc reprend ce thème en y ajoutant le nom de Marthe (en premier!): «Or beaucoup d'entre les Juifs étaient venus auprès de Marthe et de Marie afin de les consoler au sujet de leur frère» (v. 19). Dans le récit primitif, Marie va trouver Jésus parce qu'elle a "entendu" dire qu'il était là (v. 30). Il en va de même de Marthe (v. 29). D'après les exemples donnés plus haut, on peut conclure qu'ici aussi, en ajoutant au récit le personnage de Marthe, Luc "dédouble" un certain nombre de détails qui étaient dits de Marie dans le récit primitif, le plus frappant étant le reproche que les deux sœurs adressent à Jésus.

2. L'intention de Luc

Pour comprendre l'intention de Luc, il faut tenir compte du récit du repas offert à Jésus en Jn 12,1-3: on y retrouve les mêmes personnages:

Jésus, Lazare, Marthe et Marie et le verset 1 mentionne explicitement la résurrection de Lazare. Il faut tenir compte aussi du récit de Lc 10,38-42: deux sœurs, Marthe et Marie, reçoivent Jésus chez elles et lui offrent un repas. Les contacts entre ce récit de Luc et *la dernière rédaction* du récit johannique sont nombreux. Marthe est l'aînée puisque c'est elle qui reçoit Jésus (Lc 10,38). Marie n'est nommée qu'en référence à elle, comme étant sa sœur (v. 39). Chez Luc comme chez Jean, c'est Marthe qui assure le service de la table (Lc 10,40; Jn 12,2, avec le même verbe διακονεῖν). Ce n'est probablement pas un hasard si Luc dit de Marie qu'elle "était assise aux pieds de Jésus" (10,39) tandis que les récits johanniques précisent qu'elle "était assise dans la maison" (Jn 11,20), puis qu'elle "oignit les pieds de Jésus" (12,3).

Voici dès lors comment on peut se représenter les intentions de Luc. Il nous dit dans les Actes des apôtres que le problème du service des tables fit difficulté dans l'Église primitive, d'où la nécessité de choisir sept frères qui l'assureraient (Ac 6,1-6). Certains frères pouvaient donc invoquer le récit de Lc 10,38-42 pour refuser de servir aux tables afin de pouvoir se consacrer au service de la parole. Jésus ne dit-il pas à Marthe, qui se plaint de ce que Marie la laisse seule assurer le service de la table: «Marthe, Marthe, tu te soucies et t'agites pour beaucoup de choses; pourtant il en faut peu, une seule même. C'est Marie qui a choisi la meilleure part; elle ne lui sera pas enlevée» (Lc 10,42). Oui, mais pour Luc, écouter la parole de Jésus impliquait l'obligation de la mettre en pratique (Lc 11,27-28), c'est-à-dire de se mettre au service des frères. C'est pour réagir contre une fausse interprétation de son récit que Luc aurait ajouté au récit johannique le personnage de Marthe. Elle assure le service de table (Jn 12,2) et pourtant c'est elle, et non Marie, qui apparaît comme la disciple par excellence de Jésus. C'est elle qui va trouver Jésus la première (Jn 11,20). C'est elle qui reçoit l'enseignement de Jésus concernant la vraie résurrection (11,23-26). C'est elle qui prononce la profession de foi en Jésus (11,27). C'est elle enfin qui est aimée de Jésus, cet amour étant la caractéristique du vrai disciple (14,21): «Or Jésus aimait Marthe et sa sœur et Lazare» (11,5). La rédaction de ce dernier texte fait honneur à l'humour de Luc: Marie n'est même pas nommée par son nom; elle n'est que la sœur de Marthe! Le souci d'exalter Marthe à ses dépends est ici évident.

3. L'évangile secret de Marc

Nous donnons le texte suivant, non pas comme une preuve supplémentaire venant confirmer l'existence d'un récit primitif selon lequel Marie seule était en scène, mais seulement à titre d'information car il s'agit d'un texte dont l'origine est très controversée. En 1973, Morton SMITH[1] a publié une lettre de Clément d'Alexandrie contenant deux fragments d'une leçon longue de l'évangile de Marc qu'il nomme "l'évangile secret". Voici le texte du premier fragment[2]:

> Et ils arrivent à Béthanie, et il y avait là une femme dont le frère était mort. Et elle vint, se prosterna devant Jésus et lui dit: «Fils de David, aie pitié de moi.» Mais les disciples la réprimandèrent. Et Jésus, rempli de colère, partit avec elle au jardin où se trouvait le tombeau. Et aussitôt se fit entendre une voix forte venant du tombeau. Et Jésus, s'étant approché, roula la pierre loin de la porte du tombeau. Et il entra aussitôt à l'endroit où se trouvait le jeune homme, étendit la main et le resssuscita en lui saisissant la main. Le jeune homme, l'ayant regardé, l'aima et se mit à supplier Jésus de demeurer avec lui. Étant sortis du tombeau, ils allèrent à la maison du jeune homme, car il était riche.»

Malgré de nombreux détails fort différents, ce récit offre avec celui de Jean, surtout lu sous sa forme primitive, un fonds commun qu'il est impossible de nier. À Béthanie se trouvait une femme (une seule!) dont le frère était mort (cf. Jn 11,1 selon le texte primitif). Elle vient trouver Jésus (cf. Jn 11,29), se prosterne devant lui et lui demande implicitement de ressusciter son frère (cf. Jn 11,32). Jésus vient alors au tombeau (cf. Jn 11,38) où il effectue la résurrection du mort (cf. Jn 11,43-44). Ajoutons un détail. Dans l'évangile secret, Jésus vient au tombeau "rempli de colère". Selon Jn 11,38, il y va "frémissant en lui-même" ($\dot{\epsilon}\mu\beta\rho\iota\mu\dot{\omega}\mu\epsilon\nu o\varsigma$). Ce verbe peut effectivement avoir le sens de "être fortement ému", mais il peut signifier aussi "s'irriter". C'est ce second sens

---

1 *Clement of Alexndria and a Secret Gospel of Mark,* Cambridge, 1973. – *The Secret Gospel. The Discovery and Interpretation of the Secret Gospel according to Mark,* New York - London, 1973.

2 Cette traduction fut faite par Jean-Daniel KAESTLI, dans *Écrits apcryphes chrétiens, Édition publiée sous la direction de François BOVON et Pierre GEOLTRAIN, index établi par Sever J. VOICU* (Bibliothèque de la Pléiade), Paris, Gallimard, 1997, pp. 67-68.

qu'aurait retenu l'auteur de l'évangile secret, et pour justifier cette irritation du Christ, il aurait ajouté le détail des disciples qui réprimandent la femme.

Les contacts entre les deux récits sont trop précis pour être fortuits. Tous deux pourraient dépendre d'une source commune[1] selon laquelle Lazare n'avait qu'une seule sœur, ce que suppose le récit johannique primitif.

VI. L'ONCTION À BÉTHANIE
(12,1-8)

Le récit de l'onction à Béthanie se lit en Jn 12,1-8. Nous venons de voir qu'il était étroitement lié au récit de la résurrection de Lazare (mettant en scène les mêmes personnages: Jésus, Lazare, Marthe et Marie) mais que ce rapprochement était l'œuvre de Luc. Il nous faut donc préciser quelle fut l'activité de Luc dans le présent récit, même si celui-ci ne traite pas du problème des miracles et de la foi. Il a son parallèle en Mt 26,6 ss et Mc 14,3 ss. Luc en a l'équivalent en 7,36 ss, mais il place l'événement beaucoup plus tôt. Analysons donc de près le récit johannique.

1. L'introduction du récit (vv. 1-2)

Nous avons vu que, dans l'épisode de la résurrection de Lazare, le personnage de Marthe avait été ajouté par Luc au récit primitif. Mieux encore, Marthe supplante Marie: elle est le type du disciple par excelllence parce qu'elle "sert" à table, comme la Marthe du récit de Lc 10,38-42. On peut donc penser qu'en Jn 12,2, les mots "et Marthe servait" furent ajoutés par Luc. C'est probablement lui aussi qui ajouta la précision qui suit "et Lazare était un de ceux qui étaient à table avec lui". En effet, le σὺν αὐτῷ qui termine cette phrase est typiquement lucanien, alors que chez Jean un aurait attendu μετ'αὐτοῦ.

Plus difficile à résoudre est le problème de la mention du repas, au verset 2a: «Ils lui firent donc là un repas.» L'idée première est que ce thème du repas aurait été ajouté par Luc puisqu'il semble lié au

---

1 C'est aussi l'opinion de KAESTLI, p. 67, note sur 2,23-3,4.

personnage de Marthe: elle en assure le service. Mais si on le supprime, il devient difficile de justifier l'action de Marie décrite plus loin. Le thème du repas est d'ailleurs implicite dans les récits parallèles de Matthieu et de Marc: Jésus y est à table, ce que supposent le κατακειμένου de Marc et le ἀνακειμένου de Matthieu. Il est vrai que la formule "faire un repas" ne se lit ailleurs dans tout le NT qu'en Lc 14,12.16, mais ce n'est pas une raison pour en faire une caractéristique lucanienne.

Nous garderons donc au récit primitif les verses 1 et 2a (n'attribuant à Luc que le verset 2b): «Jésus donc, six jours avant la Pâque, vint à Béthanie [cf. Mt/Mc] où était Lazare que Jésus avait ressuscité des morts. On lui fit donc ici un repas.»

2. L'onction faite par Marie (vv. 3-8).

Cette partie du récit johannique n'est pas homogène, comme on l'a fait remarquer depuis longtemps. L'ensemble suit d'assez près les parallèles de Matthieu et de Marc (comme la localisation à Béthanie faite au verset 1). Le récit johannique est toutefois personnalisé: la femme qui intervient s'appelle Marie, et c'est Judas qui se scandalise de son action.

Mais le verset 3b offre d'étroits contacts avec le récit de Lc 7,38. La phrase "elle oignit les pieds de Jésus" s'inspire de la finale du verset 38 de Luc "et elle embrassait ses pieds et [les] oignit de parfum" (dans Marc et Matthieu, c'est sur la tête de Jésus que la femme verse le parfum). Par ailleurs, la phrase "et elle essuya de ses cheveux ses pieds" reprend le même verset de Luc "et elle commença à mouiller ses pieds et, des cheveux de sa tête, elle [les] essuya". Serait-ce Luc qui aurait ajouté ces détails au récit primitif? En fait, le problème est plus complexe.

Jn 11,2 contient une glose qui semble renvoyer à cet épisode, mais avec des détails anecdotiques qui se lisent dans le récit parallèle de Lc 7,38. Analysons soigneusement comment sont exprimés ces détails dans les trois textes en question:

> Lc 7,38: Et voici qu'une femme... ayant apporté un flacon de parfum,
>   et se tenant derrière, à ses pieds,
>   de ses pleurs elle commença à arroser ses pieds
>   et elle les essuya des cheveux de sa tête
>   et elle embrassait ses pieds

et elle [les] oignit de parfum.

Jn 11,2: Or Marie était celle qui avait oint le Seigneur de parfum
   et qui avait essuyé ses pieds de ses cheveux.

Jn 12,3: Marie donc, ayant pris une livre de parfum,
   oignit les pieds de Jésus
   et elle essuya ses pieds de ses cheveux.

Moyennant une inversion, Jn 11,2 est plus proche de Lc 7,38 que ne l'est Jn 12,3. On y retrouve la même formule "oindre de parfum". Par ailleurs, tandis que Jn 12,3 insiste sur le fait que la femme essuie avec ses cheveux le parfum dont elle vient d'oindre les pieds de Jésus, ce fait n'apparaît, explicitememnt, ni en Lc 7,38, ni en Jn 11,2. Notons enfin un fait qui a intrigué les commentateurs: Jn 11,2 fait allusion à un fait déjà passé, ce qui correspond à la chronologie de Luc et non à celle de Jn 12,3 ss. On peut donc en conclure que Jn 11,2 se réfère, non pas à Jn 12,3 ss, mais à Lc 7,38. Comment expliquer cet imbroglio? Voici l'hypothèse que nous proposons.

Nous avions d'abord pensé que la glose de Jn 11,2 était de Luc. Jésus en effet y est désigné par le terme "le Seigneur", ce que Luc est le seul à faire avant les récits de la résurrection, et à onze reprises. Mais on se heurterait alors à des difficultés insurmontables pour justifier la glose lucanienne présente en 12,3. L'argument que nous venons de donner n'est d'ailleurs pas probant. Luc en effet appelle Jésus "le Seigneur" dans son récit parallèle de 7,38 ss, aux versets 39 et 41. On comprend alors que le glossateur qui a introduit Jn 11,2 ait pu lui aussi appeler Jésus "le Seigneur". Cette glose n'est pas de Luc, mais de *l'ultime* rédacteur de l'évangile johannique, qui pour nous n'est pas Luc.

On en dira autant de l'harmonisation sur le récit de Lc 7,38 ss faite en Jn 12,3b, harmonisation assez maladroite puisqu'elle insiste sur le détail assez curieux de Marie essuyant avec ses cheveux le parfum qu'elle a répandu sur les pieds de Jésus. En Lc 7,38, ce sont ses pleurs qu'elle essuie, ce qui est beaucoup plus vraisemblable. On voit mal Luc lui-même faisant cette confusion et interprétant mal son récit de 7,38.

En ajoutant la glose de 11,2 et en harmonisant le récit de Jn 12,1 ss sur le récit de Lc 7,38, l'ultime rédacteur de l'évangile de Jean a voulu identifier la Marie dont il est question dans le récit de l'onction à Béthanie avec la pécheresse qui pleure aux pieds de Jésus en Lc 7,38 ss. Une telle identification était riche de signification moralisante.

Si l'on admet cette hypothèse, il faut supposer qu'en Jn 12,3, au lieu des mots "elle oignit les pieds de Jésus" (repris du récit lucanien), on devait avoir "elle oignit la tête de Jésus", en accord avec les parallèles de Marc et de Matthieu.

En conclusion, nous pensons que la seule activité de Luc dans le présent récit consista à ajouter le verset 2b: «... et Marthe servait et Lazare était un de ceux qui était à table avec lui.» Cette insertion justifiait la nouvelle interprétation du récit de la résurrection de Lazare qu'il donnait au chapitre 11.

VII. PRIÈRE ET DON DE L'ESPRIT
(14,12-17)

Nous pensons que Jn 14,12-17 est une composition lucanienne.

Ce petit passage fait l'effet d'un corps étranger. Aux versets 5-11, il est question des rapports étroits qui existent entre le Christ et le Père. Les versets 12-17 introduisent le thème de l'Esprit que nous donnera le Père. Aux versets 18-21, il est de nouveau question du Christ et de son Père, avec la phrase-clef "je suis dans le Père" (vv. 10 et 20), tandis que l'Esprit disparaît de l'horizon. En supprimant les versets 12-17, on obtient un texte beaucoup plus homogène.

On notera de plus la ldifférence entre les versets 11 et 12 concernant les rapports entre les miracles et la foi. Jésus dit au verset 11 (de la source johannique): «...sinon, croyez grâce aux œuvres.» Ces œuvres accomplies par le Christ ne sont autres que ses miracles. Les miracles conduisent à la foi; c'est la position de la source suivie par Luc. Mais le Christ poursuit, au verset 12: «En vérité, en vérité, je vous le dis: celui qui croit en moi, les œuvres que je fais, lui aussi les fera.» Ce texte affirme la puissance de la foi qui obtient d'accomplir les mêmes miracles que le Christ. C'est, moyennant une légère transposition, la thématique lucanienne comme nous l'avons vu à propos des péricopes précédemment étudiées. Il y a donc une coupure entre les versets 11 et 12: on passe d'un texte johannique à un texte lucanien.

Ceci va nous être confirmé en étudiant de plus près les versets 12 à 17. Les versets 13-14, contiennent un double logion sur la prière. Le discours après la cène en comporte trois autres: en 15,7.16b et en 16,23b-24. Mais en 15,16b et en 16,23b-24, il s'agit de prier le Père qui nous donnera ce que nous aurons demandé, comme en Mt 7,7-8 = Lc 11,9-10. Ici, c'est le Christ que l'on prie et c'est lui qui nous donnera ce que nous demandons: «Et ce que vous demanderez en mon nom, je le ferai, afin que soit glorifié le Père dans le Fils. Si vous me demandez quelque chose en mon nom, moi je le ferai.» Pourquoi ce changement? Pour le comprendre, il faut bien saisir le suite des idées dans ce petit passage. Il s'agit d'obtenir, par la foi, le pouvoir d'accomplir des miracles (v. 12a). Ce pouvoir sera obtenu parce que le Christ s'en va vers le Père" (v. 12b). Puisque le Christ sera auprès du Père, il pourra nous obtenir ce que nous lui demandons (vv. 13-14). En effet "et moi je prierai le Père et il vous donnera un autre Paraclet... l'Esprit de vérité...» Le lecteur peut comprendre que c'est cet Esprit qui donnera aux disciples la force d'accomplir des miracles. Nous rejoignons ici la pensée de Luc.

Notons d'abord Lc 11,13 dans un contexte de prière: «... combien plus le Père, du ciel, donnera l'Esprit Saint à ceux qui le prient.» Le parallèle de Mt 7,11 a "donnera de bonnes [choses] à ceux qui le prient". Comme en Jn 14,12-17, il s'agit donc de prier pour obtenir l'Esprit Saint. – Plus proche de notre texte est celui de Ac 4,29-31. Une fois libérés de leur prison, les apôtres font cette prière à Dieu: «Donne à tes serviteurs de parler ta parole en toute assurance, en étendant ta main pour que se produisent guérison et signes et prodiges par le nom de ton saint serviteur Jésus. Et tandis qu'ils priaient, le lieu où ils se trouvaient rassemblés fut secoué et ils furent tous emplis de l'Esprit Saint et ils parlaient la parole de Dieu avec assurance.» Dans leur prière, les apôtres ne demandent pas à Dieu de leur envoyer l'Esprit Saint, mais c'est ce qu'ils obtiennent. De plus, comme en Jn 14,12-17, cet Esprit leur donne d'accomplir des signes et des prodiges. – Lisons encore Ac 2,32-33: «Ce Jésus, Dieu l'a ressuscité, nous en sommes tous témoins. Exalté donc à la droite de Dieu, et prenant d'auprès du Père la promesse de l'Esprit Saint, il a répandu cela que vous voyez et entendez [les miracles et les discours]» Ici, c'est le Christ exalté à la droite de Dieu qui enverra l'Esprit Saint d'auprès du Père. On est proche de Jn 14,12-17: les disciples pourront accomplir les mêmes miracles que le Christ, parce que celui-ci s'en va vers le Père; c'est parce qu'il est présent auprès du Père qu'il peut le prier d'envoyer l'Esprit Saint sur les disciples.

Dans ce texte des Actes, c'est le Christ qui répand l'Esprit. Dans le texte johanno-lucanien, c'est le Christ qui demande au Père d'envoyer l'Esprit. Dans les deux cas, on voit que, pour recevoir l'Esprit, c'est le Christ qu'il faut prier, et non plus le Père.

Ajoutons un détail. Les versets 13 et 14 contiennent deux invitations à prier, la seconde n'étant qu'un dédoublement de la première. On reconnaît là la technique de Luc, qui dédouble son propre texte. Mais pourquoi ce dédoublement, sinon pour obtenir au total cinq logia sur la prière? Ne serait-ce pas alors pour évoquer la version lucanienne du *Pater* qui ne comporte que cinq demandes (Lc 11,2-4)? C'est au terme de ces développements sur la prière que le Christ promet que le Père enverra l'Esprit à ceux qui le demandent (11,13).

Il est clair que, pour composer ce passage, Luc s'est inspiré des autres logia sur la prière et aussi de textes comme Jn 16,7 "Si je ne pars pas, le Paraclet ne viendra pas à vous" (cf. 14,26 et 15,26 pour la formule complexe "le Paraclet... l'Esprit de vérité). De même, le verset 15 fait écho au verset 21 qui appartient au contexe immédiatement postérieur: garder les commandements du Christ, c'est la preuve qu'on l'aime. C'est le style imitatif de Luc.

QUELQUES AUTRES RÉCITS

Nous allons analyser maintenant quelques autres récits qui ne mettent pas en jeu les rapports entre les miracles et la foi. Malgré l'absence de ce thème lucanien, nous croyons qu'ils contiennent assez de notes lucaniennes pour pouvoir être attribués à l'activité rédactionnelle de Luc.

I. LA COMPARUTION DEVANT ANNE
(18,19-24)

Le récit de la comparution de Jésus devant Anne se déroule ainsi. Le grand prêtre, qui est Anne d'après les versets 13 et 24, interroge Jésus sur ses disciples et sur sa doctrine (v. 19). Mais au lieu de répondre à cette question, Jésus le renvoie à ceux qui l'ont entendu (vv. 20-21). Un des serviteurs présents estime que cette réponse est injurieuse à l'égard du grand prêtre et il donne une gifle à Jésus (v. 22). Celui-ci lui demande en quoi il a mal parlé (v. 23). Anne renvoie alors Jésus, lié, à Caïphe (v. 24).

a) Cette scène a été insérée dans la trame du récit des reniements de Pierre. Cette insertion est signalée par la reprise rédactionnelle du début du verset 25 "Or était Simon Pierre se tenant et se chauffant", phrase que l'on avait déjà à la fin du verset 18 "Or était Pierre aussi avec eux, se tenant et se chauffant". Nous avons noté, de la part de Luc, une reprise rédactionnelle analogue en 11,3-6, dans le récit de la résurrection de Lazare (p. 34)

Cette insertion a été préparée par les versets 13-14: «Et ils le menèrent d'abord à Anne. Il était en effet le beau-père de Caïphe, qui était grand prêtre cette année-là. Or Caïphe était celui qui avait conseillé aux Juifs qu'il est utile qu'un seul homme périsse pour le peuple.» C'est un renvoi à la scène racontée en 11,47-53, spécialement aux versets 49-

50: «Or l'un d'entre eux, Caïphe, étant grand prêtre cette année-là, leur dit: ... il est utile pour vous qu'un seul homme périsse pour le peuple...» Ce renvoie à un épisode antérieur est la technique qu'avait utilisée Luc en 21,20 pour justifier l'expression "le disciple que Jésus aimait": «... lui qui avait reposé durant le repas sur sa poitrine et avait dit: Seigneur qui est celui qui te livre?»; c'est une reprise littérale des mots qui se lisent en 13,23.25. On notera un détail: le verbe "conseiller" (συμβουλεύειν) ne se lit ailleurs dans le NT qu'en Ac 9,23; Mt 26,4 et Ap 3,18.

D'après Jn 11,49, repris par Luc en 18,13, c'est Caïphe qui était le grand prêtre cette année-là. Mais en 18,19, le titre de grand prêtre est donné à Anne, nommé explicitement aux versets 13 et 24. C'est ce qu'admet Luc en Ac 4,6 où, décrivant les membres du Sanhédrin qui se réunissent, il mentionne "et Anne le grand prêtre, et Caïphe". Cette confusion se lit aussi dans le renseignement que donne Lc 3,2 à propos de l'époque où commença le ministère du Baptiste: "... sous le grand prêtre Anne et Caïphe". Pour justifier la position de Luc, nous renvoyons à la notice de la Bible de Jérusalem sur Lc 3,2: «Le grand prêtre en fonction était Joseph, dit Caïphe, qui exerça le pontificat de 18 à 36, et joua un rôle prépondérant dans le complot contre Jésus, cf. Mt 26,3; Jn 11,49; 18,4. Anne, son beau-père, qui avait été grand prêtre de 6 (?) à 15, lui est associé et même figure en premier, cf. Ac 4,6 et Jn 18,13.24, comme jouissant d'un tel prestige qu'il était grand prêtre de fait.»

Cette attribution du titre de grand prêtre à Anne, et non à Caïphe, nous indique la main de Luc dans le récit de Jn 18,19-24. C'est ce que vont nous confirmer les remarques suivantes.

b) Cet épisode est assez semblable à celui que raconte Luc en Ac 23,1-2 à propos de Paul. Dans le présent récit, après avoir donné la réponse faite par Jésus au grand prêtre, le texte poursuit: «Or une fois qu'il eut dit cela (ταῦτα δὲ αὐτοῦ εἰπόντος), l'un des serviteurs qui était présent (παρεστηκώς) donna une gifle à Jésus en disant: "C'est ainsi que tu réponds au grand prêtre?".» Dans les Actes, c'est le grand prêtre qui ordonne à ceux qui sont présents (τοῖς παρεστῶσιν) de frapper la bouche de Paul. Celui-ci injurie alors cet homme, et ceux qui sont présents (οἱ παρεστῶτες) lui disent: «Tu injuries le grand prêtre de Dieu» (v. 4). Pour se tirer d'affaire, Paul dit que s'il est jugé, c'est en raison de sa foi en la résurrection (v. 6). Et le texte poursuit: «Or tandis qu'il disait cela (τοῦτο δὲ αὐτοῦ εἰπόντος), il y eut une dispute entre les Pharisiens et les Sadducéens» (v. 7). La formule que nous venons de mettre en grec, analogue en Jn 18,22 et en Ac 23,7, ne se lit nulle part ailleurs dans le NT. Notons aussi le verbe παρίστημι, en Jean ailleurs seulement en 19,26, mais cher à Luc: 3 fois dans l'évangile et 12 fois dans les Actes.

c) Jn 18,19 nous dit que le grand prêtre "interrogea (ἐρώτησεν) Jésus au sujet de (περί) ses disciples...". Ce verbe, avec le sens de "interroger", et non de "prier", n'est suivi ailleurs de la préposition περί qu'en Lc 9,45: «et ils craignaient de l'interroger au sujet de cette parole.»

Jn 18,20 est de rédaction beaucoup plus lucanienne que johannique. Jésus affirme "J'ai parlé ouvertement au monde (παρρησίᾳ λελά-ληκα)"; ces deux termes ne sont unis ailleurs qu'en Ac 4,29.31: "... donne à tes serviteurs en toute assurance μετὰ παρρησίας πάσης) de parler (λαλεῖν) ta parole" / "et ils parlaient la parole de Dieu avec assurance". – Jésus continue "j'ai toujours enseigné dans la synagogue et dans le Temple"; Jean ne mentionne l'enseignement en synagogue qu'en 6,59 (ce qui rend problématique l'adverbe "toujours"), tandis qu'il est fréquent dans les Synoptiques, et donc chez Luc. Quant à l'enseignement fréquent dans le Temple, Luc l'affirme en 19,47: «Et il enseignait *chaque jour* dans le Temple.» – On notera aussi la proposition "là où tous les Juifs se réunissent"; l'expression "tous les Juifs" ne se rencontre qu'ici chez Jean tandis qu'elle revient 6 fois dans les Actes (et une fois chez Marc). De même le verbe "se réunir" (συν-έρχεσθαι) se lit dans la proportion suivante: 1/2/1/1/11); unique chez Jean, il est au contraire fréquent dans les Actes.

Au verset 23, le verbe "frapper" est attesté dans la proportion suivante: 1/3/5/1/3. On notera spécialement Lc 22,63: «Et les hommes qui le détenaient se moquaient de lui en le frappant.» Les parallèles de Mc 14,65 et de Mt 26,67 disent que les assistants "crachaient" sur Jésus.

d) La rédaction lucanienne de Jn 18,19-24 ne saurait faire de doute. Cet épisode remplace le procès de Jésus devant le Sanhédrin de la tradition synoptique. Luc est mal à l'aise devant ce procès. Il le place au matin qui suivit l'arrestation de Jésus (Lc 22,66) et non aussitôt après cette arrestation, et donc durant la nuit, comme le disent Marc et Matthieu. Par ailleurs, il supprime l'accusation de blasphème et la condamnation à mort qui la provoqua (cf. Mt 26,65-66; Mc 14,63-64) ce qui lui permettra de faire dire à Paul en Ac 13,28: «Et n'ayant trouvé en lui aucun motif de mort, ils demandèrent à Pilate de le supprimer.» Il sait d'ailleurs que la tradition johannique ignore ce procès; en effet, s'il avait eu lieu, Pilate ne pourrait pas dire aux autorités juives: «Prenez-le, vous, et jugez-le selon votre loi» (Jn 18,31). Tous les éléments de ce procès sont d'ailleurs transférés par Jean en 10,24 ss, où il s'agit seulement d'une discussion entre Jésus et les Juifs, et non d'un procès. Luc se sent donc à l'aise pour remplacer ce procès par une simple comparution devant Anne, qui n'a rien d'officiel. Peut-être est-il plus près ici de la vérité historique que les Synoptiques.

II. LE PARTAGE DES VÊTEMENTS
(19,23-24)

On lit en Jn 19,16-18: «Alors il [Pilate] le leur livra afin qu'il soit crucifié. Ils s'emparèrent donc de Jésus et, portant lui-même la croix, il partit vers le lieu dit du Crâne... où ils le crucifièrent.» Selon l'évangile de Jean, ce seraient donc les Juifs qui auraient emmenés Jésus et auraient procédé eux-même à la crucifixion[1]. On est étonné alors de voir des soldats romains intervenir aux versets 23-24 et se partager les vêtements du Christ comme s'ils l'avaient eux-même crucifié. Cette scène ne peut être qu'un ajout effectué pour harmoniser Jean sur les Synoptiques. Mais qui est responsable de cet ajout: Jean IIB ou Luc? C'est probablement Luc, comme vont le montrer les remarques stylistiques suivantes.

Au verset 23c, la description de la tunique n'est formée que d'hapax *legomena* du NT: ἄραφος, ἐκ τῶν ἄνωθεν, ὑφαντή, δι᾽ ὅλου. Il est difficile de dire s'ils viennent de Jean ou de Luc, nous pensons plutôt à Luc, mais c'est une impression plus qu'une conviction.

---

1 Cette présentation des faits est partagée par Luc, dans l'évangile comme dans les Actes, et par l'évangile apocryphe de Pierre. Voir les textes rassemblés par Justin TAYLOR, *Les Actes des deux Apôtres*, vol. IV, p. 76 s. Il n'est pas question ici de discuter la vraisemblance historique de cette affirmation. Nous nous en tenons à analyser les particularités du texte johannique.

Plus intéressante est la distinction entre les "vêtement" τὰ ἱμάτια) et la "tunique" (τὸν χιτῶνα). Une telle distinction ne se lit ailleurs dans le NT qu'en Lc 6,29 = Mt 5,40 et surtout en Ac 9,39: des femmes montrent à Pierre "les tuniques et les vêtements" que Tabitha confectionnait avec elles.

À propos de la tunique, les soldats se disent, au verset 24, "ne la déchirons pas". Que l'on se rapporte alors à Lc 5,36: «Nul, ayant déchiré une pièce d'un vêtement neuf, ne la rajoute à un vieux vêtement.» Cette parole du Christ se lit aussi en Mc 2,21 et Mt 9,16 en termes quasi identiques, mais en la reprenant Luc y ajoute le participe "ayant déchiré".

Le verbe "obtenir" λαγχάνειν) est rare dans le NT; on ne le rencontre ailleurs qu'en Lc 1,9; Ac 1,17 et 2 P 1,1. Le texte des Actes est intéressant, où il est dit de Judas "il obtint une part (tirée au sort) (ἔλαχεν κλῆρον) dans notre ministère". En Jn 19,24, le verbe "obtenir" est probablement suggéré par la citation de Ps 22,19 qui l'explique: «... et sur mon vêtement ils ont tiré au sort (ἔβαλον κλῆρον).»

Tout ceci n'est pas absolument convaincant. Mais voyons la phrase qui établit un lien entre cet épisode et le suivant: «Or donc les soldats (οἱ μὲν οὖν στρατιῶται) agirent ainsi.» Nous avons déjà rencontré l'expression μὲν οὖν en Jn 20,30 et nous avons vu son caractère typiquement lucanien, comme l'ensemble des versets 30-31. En Ac 23,31, on a même comme ici la formule οἱ μὲν οὖν στρατιῶται. C'est l'argument le plus fort pour attribuer à Luc la rédaction du présent épisode.

On objectera la présence de la proposition "afin que l'Écriture soit accomplie", pour introduire la citation du psaume, comme en Jn 13,18; 17,12; 19,36. Mais c'était une formule que Luc pouvait reprendre facilement (style imitatif).

Une objection plus sérieuse provient du fait que, dans son évangile et les Actes, Luc admet comme Jean que ce sont les autorités juives qui ont procédé à la crucifixion du Christ (voir la note 1 de la page précédente). Comment peut-il ici ajouter le partage des vêtements qu'il attribue explicitement aux soldats romains? Il est vrai qu'il ajoute cet épisode en Lc 23,34, mais sans nommer les auteurs de ce partage. La volonté d'harmoniser Jean sur les synoptiques a-t-elle été la plus forte?

III. LES ANGES AU TOMBEAU VIDE
(20,11b-13)

En Jn 20,11b-13, Marie Madeleine se penche dans le tombeau du Christ et y voit deux anges assis là où se trouvait le corps de Jésus; ils lui demandent: «Femme, pourquoi pleures-tu?» Elle leur répond: «Ils ont enlevé le corps de mon Seigneur et je ne sais pas où ils l'ont mis.» On notera que, contrairement aux récits synoptiques, la présence des anges est superflue puisqu'ils ne transmettent aucun message à Marie Madeleine. Cette rencontre entre Marie Madeleine et les anges tourne court. C'est une addition au récit primitif qui a pour but d'harmoniser Jean sur les Synoptiques. Dans notre commentaire sur l'évangile de Jean[1], nous avions attribué cette addition à Jean IIB; nous pensons maintenant qu'elle provient de Luc.

L'argument principal est que la composition de ce passage met en œuvre une technique typique des additions faites ailleurs par Luc: il se contente souvent de reprendre *littéralement* les textes qu'il dédouble. Rappelons un seul exemple: Jn 20,24-29 raconte l'apparition de Jésus ressuscité à Thomas. Pour décrire cette apparition de Jésus, le verset 26 ne fait que reprendre, avec de très menues variantes, l'apparition de Jésus décrite dans la scène précédente: «Vient Jésus, les portes étant fermées, et il se tint au milieu et il leur dit: Paix à vous.» De même ici, le dialogue entre les anges et Marie n'a rien d'original. Au verset 13, la question que lui posent les anges "Femme, pourquoi pleures-tu?" est identique à celle que lui pose Jésus au verset 15. Et la réponse de Marie ne fait que mettre au singulier les paroles qu'elle avait dites à Simon Pierre au verset 2: «Ils ont enlevé le Seigneur du tombeau et nous ne savons pas où ils l'ont mis.» Au versets 11-12, Marie "se penche" dans le tombeau et "elle voit" deux anges, comme au verset 5 "S'étant penchée elle voit" les bandelettes. On notera la présence de deux anges, comme en Lc 24,4 (où ils sont appelés des hommes), tandis que les parallèles de Matthieu et de Marc n'en mettent qu'un seul en scène. Et puisque Luc veut harmoniser le récit johannique sur celui des

---

1 Page 460.

Synoptiques, il est possible que la formule qui se lit à la fin du verset 12 "où gisait le corps de Jésus" fasse écho à celle de Mt 28,6 "Venez, voyez l'endroit où il gisait".

Tout nous porte à admettre que l'intervention des anges, aux versets 11b-13, est de rédaction purement lucanienne. Luc a voulu harmoniser le récit johannique sur celui des Synoptiques.

IV. LE PARDON DES PÉCHÉS
(20,21-23)

En Jn 20,19-23, l'apparition du Christ ressuscité à l'ensemble des disciples a son parallèle en Lc 24,36 ss. Dans les deux récits, Jésus se fait reconnaître en montrant les plaies de son corps. Luc et Jean dépendent ici encore de leur source commune: le Document C.

Mais le récit johannique contient en plus les versets 21-23, qui lui sont propres: «Jésus leur dit donc de nouveau: "Paix à vous; comme le Père m'a envoyé, moi aussi je vous envoie". – Et ayant dit cela, il souffla et il leur dit: "Recevez un Esprit Saint; – ceux à qui vous remettrez les péchés, ils leur seront remis; ceux à qui vous les retiendrez, ils seront retenus".» À propos de ce texte, voici ce que nous écrivions dans notre commentaire (p. 470): «Les commentateurs sont divisés touchant l'évolution littéraire de ce petit texte. Selon Dodd, le v. 21 servait de conclusion à l'apparition aux disciples, qu'il attribue à une source pré-johannique; Jn aurait ajouté les vv. 22 et 23. Mais la plupart des commentateurs adoptent une position opposée. Le style du v. 21 ne laisse aucun doute sur son origine johannique; seuls les vv. 22-23 (Wellhausen, Spitta, Hartmann), ou même simplement le v. 23 (Bultmann), appartiendraient à la source; Jn aurait ajouté le v. 22 pour adapter ce v. 22 à sa théologie. Quant à nous, nous pensons que l'ensemble des vv. 21-23 est une composition de Jean IIB, malgré les apparences de retouches littéraires qu'ils contiennent.»

Notre position actuelle est encore de considérer l'ensemble des versets 21-23 comme une addition à la source d'où proviennent les versets 19-20, mais, en nous appuyant sur toutes les analyses que nous avons faites jusqu'ici, (et que nous n'avions pas faites dans notre commentaire), nous pensons que cet ajout est le fait de Luc plutôt que de Jean IIB.

Nous y retrouvons un procédé littéraire classique dans les additions lucaniennes. Le verset 21, avec le souhaît "paix à vous", ne fait que dédoubler le verset 19 de la source, de même qu'au verset 22 la formule "et ayant dit cela" (καὶ τοῦτο εἰπών) ne fait que reprendre celle du verset 20. C'est exactement la technique que nous avons décrite dans la péricope précédente, à laquelle nous renvoyons.

Au verset 23, le thème de la rémission des péchés ne se retrouve nulle part ailleurs chez Jean (qui n'emploi "péchés" au pluriel qu'en 8,24) alors qu'il est fréquent dans les écrits lucaniens. La phrase "tes péchés te sont remis" se lit en Lc 5,20-24, mais reprise il est vrai de la tradition synoptique; en revanche le texte de 7,47-49 est propre à Luc. Dans le *Pater,* tandis que Mt 6,12 a "et remets-nous nos dettes (τὰ ὀφειλήματα)" Luc écrit "et remets-nous nos péchés (τὰς ἁμαρτίας)". Il faut tenir compte aussi de l'expression "pour la rémission des péchés" (εἰς ἄφεσιν τῶν ἁμαρτιῶν), si fréquente dans les écrits lucaniens (Lc 3,3; 24,47; Ac 2,38; 5,31; 10,43; 13,38; 26,18). On notera que Lc 24,47 fait partie des instructions que Jésus donne à ses disciples lors de son apparition aux Onze, comme ici. Du point de vue stylistique, la particule ἄν suivie du pronom relatif indéfini se lit bien en Jn 13,20 et 16,23, mais aussi en Ac 2,45 et 4,35. Ajoutons que le verbe "retenir" (κρατεῖν) ne se lit qu'ici chez Jean alors qu'on le trouve deux fois chez Luc et quatre fois dans les Actes (mais assez souvent aussi chez Marc et Matthieu).

Le thème du don de l'Esprit, au verset 22, évoque le récit de la Pentecôte, en Ac 2,1 ss, mais le verbe "souffler" (ἐνεφύσησεν) est repris du récit de la création en Gn 2,7. Cet envoi de l'Esprit, le Christ l'avait annoncé en Lc 24,49 et Ac 1,8.

Quant au thème de la mission du Christ par le Père et des apôtres par Jésus, il est certainement johannique et il réalise la parole du Christ rapportée en Jn 17,18: «Comme tu m'as envoyé dans le monde, moi aussi je les ai envoyés dans le monde.» Luc se réfère donc probablement à ce texte. Mais on notera qu'en Ac 1,8 la mission des apôtres est liée au don de l'Esprit, comme ici.

C'est donc l'ensemble des versets 21-23 qu'il faut attribuer à Luc.

STRUCTURE DE L'ÉVANGILE

Jusqu'ici, l'activité littéraire de Luc a consisté surtout à gloser certains récits johanniques ou à ajouter des textes nouveaux, parallèles aux textes primitifs. Nous allons constater maintenant que son activité littéraire fut en fait considérable: il aurait complètement modifié la structure même de l'évangile primitif. Pour le montrer, nous allons d'abord donner cette structure primitive; nous la justifierons ensuite, puis nous analyserons les remaniements que Luc lui a fait subir[1].

I. LA STRUCTURE PRIMITIVE

Jésus commença son ministère en Galilée en effectuant trois "signes" qui étaient groupés de la façon suivante:

Il change l'eau en vin à Cana (2,1-11).

Il descend à Capharnaüm avec sa mère et ses frères (2,12).

Il y guérit le fils d'un officier royal (4,46b-54).

Ses frères lui suggèrent de se manifester à Jérusalem (7,3-4), mais il refuse et reste en Galilée (7,8).

Il y accomplit son troisième miracle: la pêche miraculeuse (21,1-14).

Nous ne sommes pas les premiers à avoir proposé de grouper ces trois miracles en une unité qui proviendrait d'une source hypothétique. F. SPITTA[2], l'avait déjà fait dès 1910. Mais au lieu d'attribuer le groupement de ces trois miracles à la source principale suivie par l'évangéliste, il pensait plutôt à une "Einschaltung in die Grundschrift" (p. 68). Il note en passant que le groupement des deux premiers miracles

---

1 C'est, profondément remaniés, les développements que nous avions donnés dans notre livre Moïse ou Jésus (chap. 1). Nous avons précisé les intentions de Luc lorsqu'il modifie le texte de sa source.

2 F. SPITTA, Das Johannes-Evangelium als Quelle der Geschichte Jesu, Göttingen, 1910, pp. 65-69.

avait déjà été fait par Wellhausen. – BULTMANN, suivi par nombre de commentateurs, n'avait gardé que les deux premiers signes qui, pour lui, constituaient le début de sa fameuse *Semeia Quelle*" la "Source des Signes"; celle-ci donnait à la suite tous les miracles racontés dans le quatrième évangile. – R. T. FORTNA, dans son second volume[1], reprend la "Source des Signes" de Bulmann, mais en la modifiant assez profondément. Après les deux premiers signes de cette source, il ajoute le miracle de la pêche miraculeuse, rejoignant ainsi la théorie de Spitta. Il complète aussi cette source en y ajoutant les récits de la passion et de la résurrection. – H. P. HEEKERENS[2], au contraire, critique et rejette la "Source des Signes" de Bultmann. Il en garde le titre, mais cette source ne comporterait plus, selon lui, que les trois miracles rassemblés par Spitta. De plus, au lieu d'être une source utilisée par l'évangéliste, ces trois miracles auraient été ajoutés à l'évangile primitif; il reprend ainsi la position de Spitta. – Nous non plus nous ne retenons pas la "Source des Signes" de Bultmann. Nous croyons que l'évangéliste, que nous continuerons à appeler Jean, a utilisé une source connue aussi de Luc (dans son évangile) qui faisait commencer la vie publique de Jésus par les trois miracles rassemblés par Spitta. Cette source, que nous avons appelée le Document C, comportait aussi, entre autres, les récits de la passion et de la résurrection, d'où les nombreux épisodes communs à Jean et à Luc. Au début de son évangile, ce dernier n'aurait retenu de cette source que le miracle de la pêche miraculeuse qu'il maintient au début du ministère public de Jésus (Lc 5,1 ss). Pour ce qui est des trois miracles initiaux, ils auraient été repris par Jean, et c'est seulement Luc qui les aurait séparés en éditant le quatrième évangile.

Voici les principaux arguments que l'on donne pour justifier le groupement des trois premiers signes. Nous les compléterons plus loin en analysant chacun de ces miracles.

L'argument principal pour faire du deuxième signe la suite *immédiate* du premier est le texte de Jn 2,12. Nous y lisons qu'ausitôt après

---

1 Robert Tomson FORTNA, The Fourth Gospêl and its Predessesor. From Narrative Source to Present Gospel, Philadelphie, 1988.

2 Hnas-Peter HEEKERENS, *Die Zeichen-Quelle der johanneischen Redaktion* (Stuttgarter Bibelssrudien, 113), Stuttgart, 1983.

l'épisode des noces de Cana, où Jésus changea l'eau en vin, "Jésus descendit à Capharnaüm, lui, sa mère, ses frères et ses disciples, et qu'il y resta peu de temps". Dès le verset 13, nous le voyons monter à Jérusalem. Mais pourquoi nous dire de façon si solennelle que Jésus descendit à Capharnaüm alors qu'il ne va rien y faire? Or c'est justement à Capharnaüm que Jésus va guérir le fils du fonctionnaire royal (4,46b ss). Il était d'autant plus facile de rapprocher les deux signes que nous lisons un récit analogue en Mt 8,5-13 et Lc 7,1-10: la guérison du fils du centurion, selon lequel Jésus effectua le miracle tandis qu'il se trouvait à Capharnaüm. – Un autre argument est la numérotation des deux premiers signes. On lit en 2,11 (d'après le texte primitif, comme nous le verrons en analysant l'épisode des noces de Cana): «Tel est le premier signe que fit Jésus à Cana de Galilée...» Et de même en 4,54: «Ce deuxième signe, de nouveau, fit Jésus... » – Ajoutons un argument qui nous est propre. Nous verrons plus loin, en analysant le deuxième signe, qu'une telle séquence se trouve en partie confirmée par notre "Évangile pré-johannique" selon lequel Jésus guérit l'enfant tandis qu'il se trouvait à Capharnaüm, et non à Cana comme le dit le texte actuel de l'évangile.

Bultmann a bien vu que le petit passage constitué par 7,3.4.8 suppose que Jésus n'a pas encore accompli de miracles à Jérusalem, contrairement à ce qui est dit en 2,23 et 5,1 ss; ce passage devait donc remonter, pour lui à la Source des Signes, pour nous au Document C.

Quant au troisième signe, à la suite de Spitta, Heekerens et Fortna en ont fait la suite des deux premiers en se fondant surtout sur la numé-rotation qu'ils offrent en finale: Jésus accomplit un premier signe et *manifesta* sa gloire (2,12), il accomplit un deuxième signe à Capharnaüm (4,54); il *se manifesta* une troisième fois grâce à la pêche miraculeuse (21,14). En effectuant plus loin l'analyse de ce miracle, nous verrons que le verbe "manifester", qui se lit en 21,1 et 14, indique certainement la manifestation de Jésus comme Messie, au début de son ministère, et non son apparition comme ressuscité. Le récit parallèle de Lc 5,1 ss place d'ailleurs la pêche miraculeuse au début du ministère du Christ.

Ajoutons un argument qui n'a pas été utilisé par nos devanciers. Cette reconstitution de la source utilisée par l'évangéliste est confirmée par une comparaison avec Ex 4,1-9. Ces trois signes en effet étaient soigneuse-ment numérotés, comme nous l'avons signalé plus haut. Ils avaient pour but de "manifester" Jésus comme le Messie envoyé par Dieu pour sauver son peuple. C'étaient les seuls signes accomplis en Galilée, les autres ayant eu lieu à Jérusalem. Cette structure avait pour but de montrer que Jésus était le prophète semblable à Moïse annoncé par Dt 18,18-19. En effet, d'après Ex 4,1-9, Dieu donne à Moïse d'accomplir trois "signes" grâce auxquels il pourra se présenter à ses frères comme l'envoyé de Dieu. Ces signes étaient en partie numérotés: «Ainsi, s'ils ne croient pas et ne sont pas convaincus par le premier signe, ils croiront à cause du second signe» (4,8). Cette référence à Ex 4,1-9 explique: le terme "signe" utilisé par Jean pour désigner les miracles de Jésus; la numérotation des trois premiers signes (tandis que les autres ne le sont pas); enfin la valeur apologétique des miracles: ils permettent de croire que Jésus est l'envoyé de Dieu, alors que dans la tradition synoptique c'est au contraire parce qu'on a la foi que l'on obtient le miracle (d'ordinaire une guérison).

Et comme Jean, dans son évangile, a insisté sur le parallèle entre Jésus et Moïse, on ne comprendrait pas qu'il ait volontairement détruit cet ensemble constitué par les trois premiers signes. Ce ne peut être que Luc qui en est responsable. L'analyse de chacun de ces signes nous fournira d'autres arguments qui le prouvent.

Nous allons entreprendre maintenant une analyse détaillée de ces trois premiers signes. Nous nous référerons constamment à la reconstitution de l'évangile de Jean primitif que nous avons obtenue dans notre ouvrage intitulé *Un évangile pré-johannique*.

II. LE PREMIER SIGNE, À CANA (2,1-11).

1. Reconstitution du récit primitif[1]

Voici le récit sous sa forme primitive; nous indiqueronss ensuite les témoins sur lesquels s'appuie cette reconstitution.
    1. Il y eut une noce à Cana de Galilée et Jésus fur invité aux noces
    2. et la mère de Jésus était là aussi, et ses frères.

---

1 Voir *Un Évangile pré-johannique*, I,2, pp. 301 ss.

3. Et ils n'avaient pas de vin. Alors la mère de Jésus lui dit: «Il n'y a pas de vin.»

4. Jésus lui dit: «Qu'y a-t-il entre moi et toi, femme? Mon heure n'est pas encore venue.»

6. Or il y avait là six jarres de pierre, pour la purification des Juifs, contenant chacune deux ou trois mesures.

8. Jésus dit aux serviteurs: «Puisez et portez au maître du festin.»
   Or eux portèrent.

9a. Or quand le maître du festin eut goûté, il trouva l'eau devenue du vin.

11. Cela fit Jésus comme premier signe à Cana de Galilée
    et il manifesta sa gloire [1].

Rappelons brièvement sur quels témoignages est fondée la reconstitution de ce texte[2].

Les versets 1-2 sont cités explicitement sous cette forme par Diodore de Tarse. Bien que la citation ne soit pas littérale, c'est le texte que suppose l'ouvrage connu sous le nom de *Testament de Jésus en Galilée*. Une même structure de texte est attestée encore par Épiphane, Nonnos de Panopolis et l'Harmonie médiévale de Pepys; mais ces trois témoins remplacent les "frères" de Jésus par ses "disciples". Au verset 12, l'Évangile pré-johannique ne mentionnera encore que les frères de Jésus.

Le verset 7 du texte actuel, selon lequel Jésus fait remplir d'eau les jarres par des serviteurs, est omis par Diodore dans la citation qu'il donne des versets 6-8 (selon les mss B et M). Dans son commentaire, il fait remarquer que les jarres étaient *toujours* remplies d'eau de façon que l'on n'aie pas à courir au loin pour se purifier. Il n'était donc pas question de les faire remplir par des serviteurs, d'où l'absence du verset 7.

L'absence des versets 9b-10 est supposée par le commentaire de Diodore: «Mais ce qu'avait dit le maître du festin ou ce que l'époux lui dit, [l'évangéliste] n'a pas jugé nécessaire de l'ajouter. Mais, pressé d'aller à l'essentiel des faits, ayant traité seulement de ce signe, il a omis le reste. En effet, l'essentiel était d'apprendre qu'il avait changé l'eau en vin.»[3] Diodore connaît le texte classique, mais il le corrige d'après l'évangile pré-johannique qu'il commente.

Au verset 11, l'expression "premier signe" au lieu de "commencement des signes" est attestée par Diodore, Épiphane, Nonnos, les

---

1 Voir *Un Évangile pré-johannique*, I,2, pp. 301 ss.
2 *Idem*, I,2, p. 184.
3 *Idem*, I,2, p. 144.

Harmonies médiévales de Pepys et de Liège, les mss b f q de l'ancienne version latine. Le scribe qui a recopié P[66] s'est efforcé de fusionner les deux leçons concurrentes.

2. Les remaniements effectués par Luc

Voyons les remaniements que Luc a fait subir à ce récit pour le donner sous sa forme actuelle.

a) Dans le récit primitif, ce premier signe avait pour but principal de constituer le premier des trois signes que devait accomplir Jésus pour être "manifesté" comme l'envoyé de Dieu, à l'imitation de Moïse Il n'avait pas d'autre fonction que de rappeler que Jésus était le nouveau Moïse annoncé par Dt 18,18-19. Mais une telle signification n'existait plus dans le récit remanié par Luc puisque ces trois signes n'étaient plus groupés. Pour remédier à cet inconvénient, Luc a voulu lui donner une valeur symbolique centrée sur le thème du vin. Dans le récit primitif, selon le verset 3, il n'y avait pas du tout de vin pour agrémenter la noce. Luc change donc le "Ils n'avaient pas de vin" en "Le vin étant venu à manquer". Cela lui permet de faire une comparaison entre deux vins: celui qu'avaient les convives au début du repas, et celui que donne Jésus: Il exprime cette comparaison en modifiant quelque peu le verset 9a et en ajoutant les versets 9b-10: «Lorsque le maître du festin eut goûté l'eau *devenue* du vin, et il ne savait pas d'où il venait, mais les serviteurs le savaient qui avaient puisé l'eau, le maître du festin appelle l'époux et il lui dit: «Tout homme donne d'abord le bon vin, et lorsque les gens sont ivres, le moins bon; toi, tu as gardé le bon vin jusqu'à maintenant.»

On peut discuter sur la nature du symbolisme voulu par Luc. Voici ce qui nous semble le plus probable. Il s'agit d'un problème de purification. Les Juifs se purifiaient grâce à l'eau contenu dans les jarres. Mais ces jarres sont au nombre de six, chiffre qui symbolisait l'imperfection. Grâce à Jésus, le moyen de se purifier est radicalement changé: ce n'est plus de l'eau, c'est du vin, ce vin symbolisant probablement la parole et l'enseignement du Christ: «Vous, vous êtes purs grâce à la parole que je vous ai dite» (Jn 15,8).

Selon le récit primitif, les jarres étaient déjà remplies d'eau et Jésus se contente d'ordonner aux serviteurs de puiser cette eau et de l'apporter au maître du festin. Il n'en va pas de même pour Luc qui ajoute le verset 7: ce sont les serviteurs qui remplissent d'eau les jarres, sur l'ordre de Jésus. On comprend l'intention de Luc: un lecteur aurait pu objecter que les jarres contenaient déjà un mélange d'eau et de vin, ce qui ruinait toute idée de miracle. Ces serviteurs pourront servir de témoins: ils savent que tout vient de Jésus (v. 9b, ajouté par Luc).

b) Dans le récit primitif, c'est Jésus qui fut invité à la noce; Marie n'est mentionnée qu'en second, avec les frères de Jésus. Luc donne au contraire à Marie la première place: «Et la mère de Jésus était là. Et Jésus fut invité aussi à la noce, ainsi que ses disciples » (2,1-2). Les disciples, absents du récit primitif, ont remplacé les frères de Jésus. Luc les ajoutera de même aux versets 11 et 12. L'importance de Marie dans la scène est encore soulignée par l'addition du verset 5: «Sa mère dit aux serviteurs: "Tout ce qu'il vous dira, faites-le".» Elle sert d'intermédiaire entre Jésus et les serviteurs. Pour Luc, Marie sait déjà que Jésus va pallier le déficit du vin.

Cette addition du verset 5 a encore un autre but. Dans le récit primitif, le groupement des trois premiers signes avait pour but d'identifier Jésus au nouveau Moïse annoncé par Dt 18,18-19. Mais en détruisant ce groupement, Luc a éliminé toute référence à Moïse. Luc l'a remplacée en assimilant Jésus au patriarche Josèphe. En effet, la parole de Marie aux serviteurs est une citation de Gn 41,55: les Égyptiens manquent de pain et le Pharaon les envoie à Joseph qui leur en fournira. Il a compris que l'expression "fils de Joseph", par laquelle Philippe désigne Jésus à Nicodème en 1,45, a un double sens, comme l'expression parallèle "fils de David": Jésus est le descendant et l'héritier du patriarche Josèphe.

c) Dans le récit primitif, le miracle de l'eau changée en vin à Cana était le "premier" d'une série de trois miracles étroitement liés (2,11). Mais pour Luc, ce signe est le début d'une série de signes qui vont se succéder durant toute la vie de Jésus. Il a donc jugé préférable d'employer une formule moins précise: «Tel est le commencement des signes que fit Jésus...»

III. LA GUÉRISON
DU FILS DU FONCTIONNAIRE ROYAL
(4,46b-54)

Nous avons déjà analysé (pp. 24-27) les remaniements que Luc a fait subir à ce récit, spécialement en dédoublant l'acte de foi du fonctionnaire royal. Nous ne traiterons ici que du contexte dans lequel ce récit est inséré.

Selon l'évangile sous sa forme actuelle, Jésus revient à Cana de Galilée (4,46a). L'ayant appris, un fonctionnaire royal habitant Capharnaüm, dont le fils était malade, vient trouver Jésus (à Cana) et lui demande de descendre guérir son fils (v. 47). Jésus lui affirme "Ton fils vit". L'homme crut à la parole de Jésus et s'en alla. Tandis qu'il descendait, ses serviteurs vinrent à sa rencontre pour lui dire que son fils était guéri... (vv. 51-53).

Selon l'évangile primitif, ce récit de miracle suivait immédiatement celui de l'eau changée en vin à Cana, auquel il se reliait par le verset 2,12: «Après cela, il descendit à Capharnaüm, lui et ses frères.» Lorsqu'il accomplit la guérison de l'enfant malade, Jésus ne se trouvait donc pas à Cana, mais à Capharnaüm. Ceux qui admettent cette hypothèse sont obligés de remanier notablement le texte actuel de l'évangile en supprimant tout ce qui suppose que Jésus se trouvait à Cana[1]. On éliminera donc: le verset 46a, le début du verset 47 et, aux versets 47c et 51, l'indication que Jésus devra "descendre" pour venir effectuer la guérison. Ce ne sont là encore que des conjectures.

Or il se trouve que l'Évangile pré-johannique que nous avons reconstitué, en nous appuyant spécialement sur les témoignes de Diodore de Tarse et de l'une ou l'autre des Harmonies médiévales, nous donne exactement le texte du récit primitif. Diodore de Tarse ignore les versets 43-46a, donc spécialement le verset 46a qui mentionne le retour de Jésus à Cana. Diodore de Tarse et l'Harmonie de Liège n'ont pas le début du verset 47 "Celui-ci ayant entendu dire que Jésus était venu de Judée en Galilée". Toujours au verset 47, ces mêmes témoins (auxquels il faut

---

1 Pour la première partie du récit, voir par exemple FORTNA, p. 61.

ajouter l'Harmonie de Venise et un manuscrit éthiopien) ignorent la précision que Jésus doit "descendre" pour effectuer la guérison demandée. Pour respecter la logique du texte, l'Harmonie de Venise et le même manuscrit éthiopien, soutenus par la Syriaque de Cureton, commencent le verset 51 par la formule "et tandis qu'il s'en allait", et non "et tandis qu'il descendait".

Diodore de Tarse et les Harmonies médiévales connaissent donc le récit de la guérison du fils du fonctionnaire royal selon une forme qui atteste la séquence que nous avons supposée pour l'évangile primitif: après le signe de l'eau changée en vin à Cana, Jésus descend à Capharnaüm où il guérit le fils d'un fonctionnaire royal. Pour effectuer cette guérison, Jésus se trouvait déjà à Capharnaüm, et non à Cana.

Mais un fait est certain: aussi bien Diodore que les Harmonies médiévales suivent, non pas une éventuelle Source des Signes, mais une forme de l'évangile de Jean plus archaïque que celle que nous connaissons maintenant. Ce n'est donc pas Jean qui a rompu le groupement des premiers miracles hérité du Document C, mais c'est Luc.

IV. LA PÊCHE MIRACULEUSE
(21,1-14)

Ici encore, nous ne ferons pas l'analyse complète du récit de la pêche miraculeuse, que nous réservons à l'étude de Jn 21 ss (voir notre chapitre suivant). Nous prouverons seulement que, selon l'évangile primitif, ce récit concernait, non pas une apparition du Christ ressuscité, mais une "manifestation" de Jésus comme Messie, au début de son ministère.

Pour admettre que, dans la Source des Signes, ce troisième miracle suivait immmédiatement les deux premiers, FORTNA (p. 66 s.), à la suite de SPITTA (p. 68), avance deux raisons: la numérotation qui le termine "Ceci déjà [est] la troisième [fois]" (τοῦτο ἤδη τρίτον), analogue aux formules qui terminent les deux premiers signes (2,11 et 4,54), et le fait que ce miracle se situe beaucoup plus naturellement durant le ministère de Jésus qu'après sa résurrection. Nous admettons la valeur de ces deux arguments, mais nous pensons que le plus convaincant est celui que nous allons développer un peu plus loin.

Avant de développer cet argument, notons que nous lisons un récit semblable en Lc 5,1-11. Les contacts littéraires entre les deux récits sont si ténus qu'il ne peut y avoir de dépendance directe entre eux: ils dépendent d'une tradition commune, pour nous le Document C. Mais selon Luc, Jésus aurait accompli ce miracle au début de son ministère public; selon Jean, seulement après sa résurrection. Lequel des deux a raison? Nous pensons que, dans la tradition johannique ancienne, le miracle eut lieu vers les débuts du ministère de Jésus, comme chez Luc.

Ceci peut se déduire du vocabulaire utilisé aux vv. 1 et 14 pour introduire et conclure le récit: «Après cela, Jésus se manifesta (ἐφανέρωσεν ἑαυτόν) de nouveau aux disciples sur les bords de la mer de Tibériade. Il (se) manifesta (ἐφανέρωσεν) ainsi» (v. 1) - «C'est déjà la troisième [fois que] Jésus fut manifesté (ἐφανερώθη) aux disciples...» (v. 14). L'insistance sur ce verbe "manifester", au début et à la fin du récit, est certainement volontaire. Mais à quel niveau de rédaction le situer? Pour Fortna et la plupart des commentateurs, c'est au niveau de l'évangéliste (et non de sa source). À première vue, ce verbe serait en effet typiquement johannique (0/1/0/9/0). Mais voyons les choses de plus près. Dit du Christ, il ne se lit qu'en Jn 1,31; 2,11; 7,4; 21,1.1.14. Or Jn 7,3-4 ne peut pas être de l'évangile sous sa forme actuelle car il ne s'accorde pas avec des textes tels que 2,23 et 5,1 ss. Avec raison, Bultmann l'avait attribué à sa Source des Signes. Notons qu'en 7,4 il est suivi du pronom réfléchi, comme en 21,1 et nulle part ailleurs chez Jean. L'occurrence en 2,11 clôt le récit des noces de Cana et il n'y a aucune raison de l'exclure de la Source des Signes. Quant à 1,31, Fortna lui-même (p. 16) attribue avec raison ce verset à la Source des Signes. Une conclusion s'impose: les occurrences du verbe "manifester" en 21,1.14 doivent remonter au récit primitif.

Or, dans la tradition synoptique et johannique, ce verbe n'est nulle part ailleurs utilisé pour parler des apparitions du Christ ressuscité[1]. Quand on veut parler de ces apparitions, c'est toujours le verbe "voir" (ὁρᾶν) qui est employé. Le Christ "a été vu" (ὤφθη) par tel ou tel (1 Cor 15,5-8; Lc 24,34; Ac 13,31; cf. Ac 9,17; 26,16). Il "sera vu" (ὄψεσθε, ὄψονται) par les disciples en Galilée (Mt 28,7.10). Les disciples se

---

1 Mc 16,12.14 constitue la seule exception, mais c'est un texte tardif.

réjouissent (Jn 20,20) ou doutent (Mt 28,17) "ayant vu" (ἰδόντες) le Seigneur. Enfin, celui qui parle d'une apparition du Ressuscité dit "J'ai vu" (ἑώρακα) le Seigneur (1 Cor 9,1; Jn 20,18.25; cf. 20,29). Le Christ ressuscité est semblable aux êtres venus du ciel et qui "ont été vus" par les hommes (Lc 1,11; 22,43; Ac 2,3; 7,2.30; 16,9; Ap 11,19; 12,1.3; Mt 17,3 et par.). Il est devenu un être qui appartient au monde céleste, et, lorsqu'il apparaît sur la terre, on lui applique le même vocabulaire que pour tous les êtres célestes: il a été "vu" (cf. déjà Gen 12,7; 17,1; 18,1; Ex 3,2 et *passim*).

En revanche, le verbe "manifester" est un terme quasi technique, dans la littérature juive et dans le quatrième évangile, pour parler de la "manifestation" du Messie, en tant que Messie, au moment où il va commencer son ministère. Ce thème est bien connu de la tradition juive. Le Messie devait rester ignoré des hommes jusqu'au jour où il serait manifesté comme tel, soit par une action de Dieu, soit par le prophète Élie revenu sur terre dans ce but. Cela voulait dire que, jusqu'au jour de sa manifestation, le Messie n'avait aucun trait qui pouvait le distinguer des autres hommes; il était "comme tout le monde". En conséquence, il fallait que Dieu le "manifestât" aux hommes, comme Messie, d'une façon ou d'une autre. Ce thème est bien exposé par Justin dans son *Dialogue avec Tryphon*. Il fait dire à ce dernier: «Or le Christ, à supposer qu'il soit né et qu'il soit quelque part, il est inconnu (ἄγνωστος). Lui-même ne se connaît pas et n'a aucune puissance, jusqu'à ce qu'Élie vienne l'oindre et le rendre manifeste (φανερόν) à tous» (*Dial* 8,4). Et encore: «Même s'ils disent que (le Christ) est venu, on ne sait pas que c'est lui. Mais lorsqu'il deviendra manifeste (ἐμφανής) et glorieux, alors on saura que c'est lui» (110,1). Mais le thème est déjà attesté au premier siècle avant notre ère dans les Psaumes de Salomon, bien que de façon moins nette: «Purifie, Dieu d'Israël, pour le jour de la miséricorde dans la bénédiction, pour le jour de l'élection, lors de la présentation (ἐν ἀναδείξει) de ton Christ» (18,5). Les disciples de Jean-Baptiste tenaient leur maître pour le Messie promis par Dieu; or un texte johannite se termine par ces mots: «Mais l'enfant [Jean Baptiste] croissait et se fortifiait en esprit et il était dans les déserts jusqu'au jour de sa manifestation (ἀναδείξεως) à Israël» (Lc 1,80).

C'est exactement ce thème que suppose Jn 1,26.31. Le Baptiste commence par affirmer aux Juifs: «Au milieu de vous se tient quelqu'un que vous ne connaissez pas...» Il ajoutera plus tard[1] «Et moi (non plus) je ne le connaissais pas, mais <u>pour qu'il fût manifesté</u> (ἵνα φανερωϑῇ) à Israël, pour cette raison je suis venu baptiser dans l'eau.» Jésus est là, mais rien ne permet de remarquer qu'il est le Messie envoyé par Dieu. Jean-Baptiste lui-même ne savait pas qu'il devait être le Messie. Mais Dieu lui a donné un signe: la descente de l'Esprit (1,32-33), et il peut le présenter à tous comme "l'Élu de Dieu" (1,34). C'est le thème juif du Messie caché et manifesté[2] le Baptiste tenant le rôle d'Élie *redivivus* de la tradition juive.

En dehors de 21,1.14, l'évangile de Jean contient encore deux passages, et deux seuls, où le verbe "manifester" est dit du Christ. Le premier forme la conclusion du récit des noces de Cana: «Ceci fit Jésus comme commencement des signes à Cana de Galilée, et <u>il manifesta sa gloire</u>...» (καὶ ἐφανέρωσεν τὴν δόξαν αὐτοῦ; 2,11). Ce texte se situe dans la ligne de 1,31: Jésus fut "manifesté" comme l'envoyé de Dieu, d'abord par le Baptiste, ensuite par le premier "signe" qu'il accomplit à Cana de Galilée. On notera le rapprochement littéraire avec la parole de Tryphon citée plus haut: «...lorsqu'il deviendra manifeste et glorieux» (ἐμφανὴς καὶ ἔνδοξος). Le second texte est 7,3-4. Les frères de Jésus l'incitent à transférer son activité de Galilée en Judée, «afin, ajoutent-ils, que tes disciples voient les œuvres que tu fais. Nul en effet n'agit en secret alors qu'il veut se faire connaître. Puisque tu fais de telles choses, <u>manifeste-toi</u> (φανέρωσον σεαυτόν) au monde.» Nous reviendrons plus loin sur ce texte important. Mais le thème fondamental est clair: si Jésus veut se manifester comme Messie, il doit accomplir ses miracles, non plus seulement en Galilée, mais en Judée, le centre religieux du judaïsme.

Si l'on revient au récit de la pêche miraculeuse, une conclusion s'impose. Ce miracle a pour but de "manifester" Jésus (vv. 1 et 14). Dans la source utilisée par Luc, ce n'était pas un récit d'apparition du Christ ressuscité: il n'y est dit nulle part que les disciples "ont vu" Jésus. En accord avec la façon de parler du quatrième évangile (1,35; 2,11; 7,4), il devait s'agir de la "manifestation" de Jésus comme Messie, comme envoyé de Dieu.

---

1 Dans la source que suit l'évangéliste, les vv. 26 et 31 devaient se suivre immédiatement; cf. BOISMARD-LAMOUILLE, *Synopse* III, pp 80 ss.

2 Voir encore, mais au négatif seulement, Jn 7,27.

V. LES INTENTIONS DE LUC

Pourquoi Luc a-t-il bouleversé de la sorte la séquence des événements qui ont constitué le début du ministère de Jésus? Il est toujours difficile de prêter à un auteur des intentions qui ne sont pas explicitement exprimées. C'est donc avec réserves que nous proposons les réflexions suivantes.

1. Le transfert du miracle de la pêche miraculeuse

Le cas le plus étonnant est d'avoir fait de la pêche miraculeuse un événement qui se serait passé, non pas au début du ministère du Christ, mais après sa résurrection. La raison principale est que, en composant le chapitre 21, Luc a voulu montrer comment c'est le Christ ressuscité qui a établi les fondements de l'Église. Pour cette raison, en même temps qu'il transférait le récit, il a donné au miracle une portée symbolique. Mais nous réservons au chapitre suivant, concernant la composition par Luc du chapitre 21, l'exposé de ce fait.

On nous objectera qu'en faisant ce transfert, Luc se serait contredit lui-même puisque, dans son évangile, il place le miracle au début du ministère du Christ (Lc 5,1 ss). Nous reconnaissons que l'objection est sérieuse. Mais les deux récits, celui de Luc et celui de Jean, sont loin d'être identiques, et Luc a pu admettre qu'il s'agissait en fait de deux épisodes différents. Est-ce une hypothèse invraisemblable?

2. Une question de topographie

Pour briser la séquence primitive des trois signes accomplis par Jésus au début de son minitère, un des buts de Luc fut peut-être de rapprocher la séquence topographique qu'il trouvait dans sa source de celle qu'il avait adoptée lui-même dans son évangile.

La séquence initiale n'offrait pas de difficulté. Dans la source johannique reprise par Luc, Jésus se trouve dans la région du Jourdain (Jn 1,29 ss), comme en Lc 3,1 ss; puis il s'en va en Galilée (1,43 ss), comme en Lc 4,14, et il "descend" à Capharnaüm (2,12), toujours comme en Lc 4,31 ss. Mais c'est ici que les difficultés commencent. Dans la source johannique suivie par Luc, c'est dans cette ville que Jésus guérit le fils d'un fonctionnaire royal (maintenant en 4,46b ss). Un épisode analogue se lit en Lc 7,1 ss, donc nettement plus tard dans la vie de Jésus. Luc ne se fait donc pas scrupule de supprimer ici cet événement. Il ajoute ensuite à sa source johannique une montée de Jésus à Jérusalem (2,13 ss) et il précisera en 3,22 ss que Jésus demeurait en Judée avec ses disciples. Puis Jésus revient en Galilée (4,1 ss). De même dans l'évangile de Luc, après le séjour à Capharnaüm, Jésus se retrouve en Judée où il prêche dans les synagogues (Lc 4,44). Puis il revient en Galilée (5,1 ss). Sans doute, les événements qui surviennent au cours de ces déplacements ne sont pas les mêmes, il n'en reste pas moins que la structure topographique de l'évangile johannique actuel rejoint celle de l'évangile de Luc.

L'hypothèsse que nous venons de faire se heurte cependant encore à une difficulté sérieuse. Pourquoi Luc aurait-t-il placé le récit de l'expulsion des vendeurs du Temple en 2,14 ss alors qu'elle est placée par les trois Synoptiques vers la fin du ministère de Jésus, peu de temps avant sa mort? Il a pu obéir à un souci de vérité historique. Rien ne nous dit en effet que, sur ce point, la chronologie synoptique soit meilleure que celle de Jean. La tradition synoptique a pu déplacer l'épisode parce qu'elle l'a conçu comme un des motifs qui ont poussé les grands prêtres à vouloir la mort du Christ. Ce problème est encore discuté parmi les exégètes. – Ou Luc a peut-être obéi à un motif christologique inspiré par l'oracle de Ml 3,1: «Voici que je vais envoyer mon messager, pour qu'il fraye un chemin devant moi. Et soudain il entrera dans son sanctuaire, le Seigneur que vous cherchez; et l'Ange de l'alliance que vous désirez, le voici qui vient! dit Yahvé Sabaoth.» Pour la tradition chrétienne, ce messager, qui doit préparer les voies au Seigneur, fut Jean-Baptiste. Mais c'est grâce à son activité que le Seigneur va entrer dans son sanctuaire. Il était donc normal de montrer Jésus entrant dans le Temple et en chassant les vendeurs, comme pour en prendre possession, au début de son ministère.

3. Une question de symbolique des nombres

C'est peut-être la symbolique des nombres qui a incité Luc à faire de la pêche miraculeuse un événement post pascal. Luc se trouvait en présence du sept "signes" accomplis par Jésus durant sa vie terrestre: l'eau changée en vin à Cana (2,1 ss), la guérison du fils du fonctionnaire royal (4,16 ss), la pêche miraculeuse (actuellement en 21,1 ss), la guérison du paralytique (5,1 ss), la multiplication des pains (6,1 ss), la guérison de l'aveugle-né (9,1 ss) et la résurrection de Lazare (11,1 ss). Mais cette énumération n'est pas complète: il faut y ajouter le signe par excellence, la résurrection du Christ (2,19), qui, selon l'évangile actuel, fut réalisée par Jésus lui-même (10,18). Cela aurait donc fait huit signes accomplis par le Christ. Or c'est le chiffre sept qui symbolise la totalité, la perfection. Il fallait donc en enlever un qui était placé avant le signe par excellence, celui de la résurrection. Luc aurait choisi de transférer le récit de la pêche miraculeuse, et non un autre signe, pour la raison exposée plus haut.

LE CHAPITRE 21

Dans un article publié en 1947 dans la Revue Biblique[1], nous avons montré que ce chapitre comportait des notes, soit johanniques, soit incontestablement lucaniennes. Pour expliquer ce fait, et en tenant compte des analyses précédentes, l'hypothèse la plus plausible est que Luc aurait rédigé ce chapitre 21 tout en reprenant des matériaux johanniques. Nous allons donc essayer de faire le tri entre ce que Luc reprend à sa source et ce qu'il y aurait ajouté. Nous allons voir que, le récit de la pêche miraculeuse mis à part, tout le reste de ce chapitre nous semble être l'œuvre de Luc. Il a voulu montrer comment le Christ ressuscité a jeté les fondements de son Église avant de quitter définitivement cette vie terrestre.

1. La liste des disciples en 21,2[2]

En 21,2, Jean donne la liste des disciples qui vont participer à la pêche miraculeuse: «Étaient ensemble Simon Pierre et Thomas le dénommé Didyme et Nathanaël qui était de Cana de Galilée et les [fils] de Zébédée et deux autres de ses disciples.» Dans le récit parallèle de Lc 5,1 ss, trois disciples seulement sont explicitement nommés: Simon (appelé Simon Pierre au verset 8, seule fois chez Luc), et "Jacques et Jean, fils de Zébédée" (v. 10). Ces trois personnage sont présents dans la liste johannique du verset 2. Cet accord avec Luc nous indique qu'ils étaient certainement nommés dans le récit primitif. On notera par ailleurs que l'expression "fils de Zébédée ne se lit ailleurs ni dans le quatrième évangile, ni chez Luc. Les deux évangiles doivent dépendre

---

1 Cité dans l'Avant-Propos.

2 Nous reprenons, en les simplifiant mais aussi en y ajoutant d'amples développements dans une perspective lucanienne, les analyses faites dans notre commentaire sur l'évangile de Jean, p. 477 s. – Voir aussi notre article "Le disciple que Jésus aimait d'après Jn 21,1 ss et 1,35 ss", *RB* 105 (1996) 76-80.

d'une source commune, celle que nous avions appellée dans notre commentaire le Document C.

Mais nous pensons que le nom des autres personnages, absents du parallèle lucanien, furent ajoutés par Luc afin qu'ils soient au nombre de sept en vertu d'un symbolisme que nous préciserons plus loin. Le récit de Lc 5,1 ss suppose aussi un plus grand nombre de participants, si du moins on admet l'authenticité des mots "et tous ceux qui [étaient] avec lui", omis par le codex de Bèze (D)[1]. Voyons donc de plus près comment se présente la mention des personnages supplémentaires.

a) Thomas et Nathanaël

Pour ajouter le nom de Thomas, Luc n'a fait que reprendre la formule qui se lit en 11,16 "Thomas le dénommé Didyme". Il l'avait déjà reprise en 20,24 dans le récit de l'apparition à Thomas racontée en 20,24-29, récit qui, nous l'avons vu, fut entièrement rédigé par Luc et qui précède immédiatement le présent épisode. Luc s'intéresse donc spécialement à l'apôtre Thomas.

Luc fait de Nathanaël un disciple de Jésus (cf. le verset 1), ce que ne disait pas explicitement le récit de Jn 1,45-50, où il apparaît aux côtés de Philippe; mais l'expression "Cana de Galilée" est reprise de Jn 2,1.11. En analysant le récit de la guérison du fils du fonctionnaire royal, nous avons vu que le demi verset 4,46a avait été ajouté par Luc qui y reprend déjà la formule "Cana de Galilée" (voir p. 60).

b) Les deux autres disciples

L'attribution de la mention des deux autres disciples à Luc est plus complexe à prouver, mais cette démonstration va nous permettre d'attribuer à Luc les versets 20-23 de ce chapitre 21.

ba) Les disciples sont donc au nombre de sept. Or, dans ce court récit, le mot "disciple" revient sept fois (vv. 1.2.4.7.8.12.14). Ce n'est pas un hasard. On peut apporter d'autres exemples de ce procédé littéraire certainement intentionnel. En 5,31, le Christ énumère tout ce qui témoigne ou tous ceux qui témoignent en sa faveur, et le verbe

---

1 Sauf en ce qui concerne l'attribution des ajouts à Luc, nous rejoignons ici l'hypothèse admise par R. PESCH, *Der Reiche Fischgang*, pp. 89-91.

"témoigner" revient 7 fois, chiffre qui indique la totalité, la plénitude (vv. 31, 32, 32, 33, 36, 37, 39). En 9,1 ss, Jean raconte comment le Christ a "ouvert les yeux" d'un aveugle de naissance, or l'expression "ouvrir les yeux" revient 7 fois dans le récit (vv. 10, 14, 17, 21, 26, 30, 32). Dans le récit parallèle de la guérison d'un paralytique, au chapitre 5, le mot "sain" revient également 7 fois (5,4, 6, 9, 11, 14, 15, et 7,23 qui appartenait primitivement à ce récit). On pourrait apporter encore d'autres exemples. – Mais voyons de plus près la formule utilisée "et deux autres de ses disciples (καὶ ἄλλοι ἐκ τῶν μαθητῶν αὐτοῦ δύο)". Comparons cette formule à celle qui se lit en 1,35: «Le lendemain, de nouveau, Jean se tenait là et deux de ses disciples (καὶ ἐκ τῶν μαθητῶν αὐτοῦ δύο).» Les deux formules sont quasi identiques, celle de 21,2 y ajoutant seulement l'adjectif "autres". On notera de plus le même procédé littéraire: en 21,2, il y a sept disciples, et le mot disciple revient sept fois; en 1,35-36, il est question de deux disciples du Baptiste (mais qui vont devenir disciples de Jésus), et le mot disciple revient deux fois. On rejoint là encore un procécé littéraire qui se retrouve ailleurs dans l'évangile de Jean. En 4,16-18, Jésus reproche à la Samaritaine d'avoir eu cinq maris, et le mot "mari" revient cinq fois. En 6,5-13, Jésus, pour rassasier la foule qui le suit, va multiplier cinq pains et deux poissons, or le mot "pain" revient cinq fois dans le récit (vv. 5.7.9.11.13) et le mot "poisson" deux fois (vv. 9 et 11). C'est une façon de mettre en relief les mots essentiels d'un récit. Ajoutons que les deux séries de textes comportent la même opposition certainement voulue: en 21,2, nous sommes laissés dans l'ignorance du nom des deux autres disciples, alors que nous est donné le nom des cinq premiers; en 1,35 ss, Jean précise que l'un des deux disciples était André, mais il omet de nous dire le nom du second. Il y a donc une volonté de laisser dans l'anonymat au moins l'un des deux disciples mentionnés en 21,2 et en 1,35. On serait tenté d'attribuer au même niveau de rédaction la mention des deux disciples" en 21,2 et en 1,35.

bb) Mais comparons la suite du récit de la vocation des deux premiers disciples et la seconde partie du récit de la pêche miraculeuse. On lit en 1,37-39: «... et ils suivirent (ἠκολούθησαν) Jésus. Or Jésus, s'étant retourné et les ayant vus suivant (στραφεὶς δὲ ὁ Ἰησοῦς καὶ θεασάμενος αὐτοὺς ἀκολουθοῦντας) leur dit "Que cherchez-vous?"

Or eux lui dirent "Rabbi..., où demeures-tu? (ποῦ μένεις)". Il leur dit "Venez et voyez". Ils vinrent donc et ils virent où il demeurait (ποῦ μένει) et ils demeurèrent (ἔμειναν) auprès de lui ce jour-là.» Reportons-nous maintenant à Jn 21,19-22. Jésus dit d'abord à Pierre "Suis-moi (ἀκολούθει μοι)". Nous lisons ensuite (vv. 20-22) ce jeu de scène: «Or Pierre, s'étant retourné, voit le disciple que Jésus aimait... suivant (ἐπιστραφεὶς ὁ Πέτρος βλέπει τὸν μαθητὴν... ἀκολου-θοῦντα), celui qui avait reposé durant le repas sur sa poitrine et avait dit "Seigneur, qui est celui qui te trahit", Pierre donc ayant vu celui-là, dit à Jésus "Seigneur, et lui?" Jésus lui dit "Si je veux qu'il demeure (μένειν) jusqu'à ce que je revienne, que t'importe? Toi, suis-moi".» Malgré la transposition des personnages, le contact thématique entre les deux textes est trop précis pour ne pas être volontaire. On serait donc tenté d'attribuer à Jean les deux séries de textes. Mais le problème se pose de façon différente.

Le verset 20 commence par le participe ἐπιστραφείς signifiant "s'étant retourné". Or ce verbe ne se lit qu'ici chez Jean; il préfère le simple στρέφειν comme en 1,38: στραφεὶς δὲ ὁ Ἰησοῦς. Voir encore en 12,40 où, citant Is 6,10, il change le ἐπιστρέψωσιν de la Septante en στραφῶσιν. Il est au contraire fréquent chez Luc et surtout dans les Actes; sans qu'on puisse le dire typiquement lucanien (3/4/6/1/11), il faut reconnaître qu'il convient très bien à son style, et non à celui de Jean.

Analysons maintenant le verset 23 : «Se répandit donc ce bruit parmi les frères que ce disciple ne mourrait pas » Comparons-le à Lc 7,17 : «Et se répandit ce bruit dans toute la Judée à son sujet.»

Jean: ἐξῆλθεν οὖν οὗτος ὁ λόγος εἰς τοὺς ἀδελφοὺς
       ὅτι ὁ μαθητὴς ἐκεῖνος οὐκ ἀποθνῄσκει.
Luc: καὶ ἐξῆλθεν ὁ λόγος οὗτος ἐν ὅλῃ τῇ Ἰουδαίᾳ
       περὶ αὐτοῦ.

Le verbe ἐξέρχεσθαι signifie "sortir", mais avec la nuance de "se répandre". Pour ce sens, le dictionnaire de BAUER-ALAND groupe, pour les évangiles, les références suivantes : Mt 9,26; Lc 4,14; 7,17; Mc 1,28 et Jn 21,23. Mis à part les deux textes qui nous intéressent, les trois textes synoptiques qui restent ont même sens: il s'agit de la renommée de Jésus qui se répand (φήμη en Mt/Lc et ἀκοή en Mc). Dans Jean, c'est une opinion au sujet de Jésus: il ne mourra pas. Il en va de même dans Luc, d'après le verset 16: "un grand prophète s'est levé parmi nous"; c'est à cette opinion au sujet de Jésus que se réfère le ὁ λόγος οὗτος du verset 17. Les deux textes de Jn 21,23 et de Lc 7,17 sont donc très proches, et du point de vue stylistique (ils ont même structure) et pour le sens.

Mais il faut pousser plus loin notre analyse. Le texte de Jn 21,23 précise que cette opinion au sujet de Jésus s'est répandue "chez les frères". Cette façon de désigner les membres de la communauté chrétienne ne se lit ailleurs dans les évangiles qu'en Lc 22,32 "affermis tes frères" (Jn 20,17 est différent) tandis qu'elle est habituelle dans les Actes: 31 fois (1,15; 9,30; 10,23; 11,8.12.29; etc.) .

On peut donc conclure que c'est Luc, et non Jean, qui a rédigé les versets 20-23. Il est vrai que la formule "le disciple que Jésus aimait" est incontestablement johannique. Mais Luc la reprend ici de Jn 13,23-25 qu'il cite en partie explicitement. Le problème est le même que pour la mention de "Thomas, le dénommé Didyme", reprise, nous l'avons vu de 11,16.

En conclusion, nous pouvons dire que Luc aurait ajouté: la mention des "deux autres disciples" en 21,2, puis le jeu de scène des versets 20-23, en s'inspirant de Jn 1,35.38. C'est le style "imitatif" que Luc emplooie souvent ailleurs (cf. p. 98).

2. Le destin de Pierre (21,18-19)

Le texte (qui précède immédiatement ces versets 20-23) dans lequel Jésus prédit à Pierre son destin futur, a toutes les chances ausssi d'avoir été rédigé par Luc: «Lorsque tu étais jeune, tu te ceignais (ἐζώννυες) toi-même et tu marchais où tu voulais; mais lorsque tu auras vieilli, tu étendras tes mains et un autre te ceindra (ζώσει) et te portera où tu ne veux pas. Il disait cela pour signifier de quel genre de mort il glorifierait Dieu» Cette parole du Christ trouve un bon parallèle en Ac 21,11. Un prophète fait un geste prophétique à l'égard de Paul, dont il explique la signification: «Et étant venu chez nous et ayant pris la ceinture (ζώνην) de Paul, s'étant lié les pieds et les mains il dit: "Ainsi parle l'Esprit Saint. L'homme à qui appartient cette ceinture (ζώνη), ainsi les Juifs le lieront à Jérusalem et le livreront aux mains des Gentils".» Le thème commun de la ceinture, et de ceindre, est frappant. Le texte occidental de Lc a accentué le rapprochement entre les deux textes en mettant au pluriel: "d'autres te ceindront et te porteront...» Ce rapprochement ne suffit évidemment pas pour penser que Jn 21,18-19 fut rédigé par Luc. Mais la finale est assez significative. Au lieu d'avoir "il disait cela pour signifier de quel genre de mort il allait mourir", comme en 12,33 et 18,32, nous avons ici "il dit cela pour signifier de quel genre de mort il glorifierait Dieu". Or l'expression "glorifier Dieu" ne se lit nulle part ailleurs chez Jean alors qu'on la trouve 8 fois chez Luc et 3 fois dans les Actes. Luc reprend donc ici une formule johannique, mais à laquelle il imprime sa marque. Nous avons vu plus haut qu'il avait agi de même au verset 20, avec le verbe "se tourner". On notera également l'adjectif "jeune" (νεώτερος), qui ne se lit ailleurs dans le NT qu'en Lc 15,12.13; 22,26; Ac 5,6 (voir aussi dans 1 Tm et 1P), et le verbe "ceindre", ailleurs seulement en Ac 12,8.

3. Pierre, berger des brebis (21,15-17)

Aussitôt après la pêche miraculeuse, le Christ demande trois fois à Pierre s'il l'aime; et sur sa réponse affirmative, il le constitue pasteur du troupeau des fidèles. Bien que l'on ne puisse apporter aucune raison stylistique décisive, nous pensons que cette petite section fut ajoutée par Luc, comme toutes celles qui suivent.

On a noté depuis longtemps le souci de l'évangéliste de varier le style de ces trois paroles dialoguées, qui se reprennent. On a des termes différents pour signifier "aimer" (ἀγαπᾶν et φιλεῖν), "paître" (βόσκειν et ποιμαίνειν) et "brebis" (ἀρνίον et πρόβατον). Mais il est difficile d'attribuer ce fait à Luc ou à Jean. On notera toutefois qu'en 10,1-1-4, dans la parabole du bon Pasteur, le mot "brebis" πρόβατα) revient 5 fois sans que l'évangéliste ait éprouvé le besoin de varier son style.

En Jn 10,1-4 donc, Jésus est le bon Pasteur des brebis. Il est probable que 21,15-17 veut montrer que Pierre va prendre la succession du Christ, comme nous le montrerons plus loin. Mais cette intention pourrait être aussi bien de Luc que de Jean.

Un argument assez fort peut être apporté en faveur d'une rédaction lucanienne de ce passage. Nombre de commentateurs admettent que, si

Jésus demande trois fois à Pierre s'il l'aime, c'est pour que celui-ci puisse racheter son triple reniement. Reportons-nous alors à la scène racontée en Lc 22,31-34: «"Simon, Simon, voici que Satan vous a réclamés pour vous cribler comme le froment; mais moi j'ai prié pour toi afin que ta foi ne défaille pas. Toi donc, quand tu sera revenu, affermis tes frères". Celui-ci lui dit: "Seigneur, je suis prêt à aller avec toi en prison et à la mort". Mais il dit: "Je te le dis, Pierre, le coq ne chantera pas aujourd'hui que tu n'aies, par trois fois, nié me connaître".» Pierre sera donc chargé de confirmer la foi de ses frères malgré son triple reniement. Ajoutons que dans ce texte lucanien, Pierre se dit prêt à suivre Jésus jusque dans la mort. C'est le thème que l'on retrouve en Jn 21,18-19: Jésus prédit à Pierre sa mort violente et il termine en lui disant "Suis-moi".

Il nous semble donc probable que les versets 15-17 sont de Luc, comme les versets 18-19.

4. La pêche miraculeuse (21,3-14)[1]

L'analyse littéraire du récit est complexe. Nous y distinguons trois couches de rédaction différente: un récit de pêche miraculeuse, un récit selon lequel Jésus offre un repas de pain et de poisson à ses disciples, des versets rédactionnels qui s'efforcent de fusionner ces deux récits unis par le thème du "poisson". Au même niveau que ces versets rédactionnels, il faut placer le thème de la reconnaissance de Jésus par les apôtres. – À quelques détails près, notre position rejoint celle de la majorité des critiques, bien résumée par FORTNA (p. 67): «The story is clearly composite, as even a cursory reading of it willl show, and there is widespread agreement that the following elements have somehow been combined: a miraculous catch of fish, the disciples' recognition of Jesus, and a meal in which he feeds them.»[2]

---

1 Rudolf PESCH a consacré une monographie spéciale à ce récit: *Der reiche Fischfang – Lk 5,1-11/Jo 21,1-14. Wundergeschichte, Berufungserzählung, Erscheinungsbericht* (Kommentare und Beiträge zum A. und NT, 6), Düsseldorf, 1969.

2 Pour un exposé complet de toutes les hypothèses qui ont été faites pour reconstituer le récit primitif, nous renvoyons à HEEKERENS, pp. 78-91, qui les discute.

a) Nous pensons que le récit primitif était aussi simple que ceux qui le précédaient dans la source: celui des noces de Cana et celui de la guérison du fils du fonctionnaire royal. Après le verset 2 (tel que nous l'avons restitué plus haut) il ne comportait que les versets 3-4a, 6 et 11b:

> 3. Simon-Pierre leur dit: «Je vais pêcher.» Ils lui disent: «Nous allons nous aussi avec toi.» Ils partirent et montèrent dans la barque et en cette nuit-là ils ne prirent rien.
> 4a. Or le matin étant déjà arrivé, Jésus se tint sur le rivage [ ].
> 6. Il leur dit: «Jetez le filet à la droite du bateau et vous trouverez.» Ils jetèrent donc et ils ne pouvaient pas le tirer à cause de la multitude des poissons.
> 11b. Et malgré leur grand nombre, le filet ne se rompit pas.

Malgré certaines divergences dans l'ordre des détails, une comparaison avec le récit de Lc 5,1 ss est facile à faire. Rappelons d'abord ce que nous avons dit plus haut: comme dans le récit de Luc, celui de Jean (verset 2) ne nommait primitivement comme participant à la pêche que Simon Pierre et les deux fils de Zébédée. Selon les deux récits, Jésus "se tenait" sur le bord du lac de Génésareth (5,1; cf. Jn 21,4a). Contrairement au récit johannique, c'est Jésus qui prend l'initiative: «Allez au large et jetez vos filets» (5,4; cf. Jn 21,6a). Mais Simon fait remarquer qu'ayant travaillé toute la nuit, ils n'ont rien pris (5,5a; cf. Jn 21,3b). Sur la parole du Christ, toutefois, il va jeter son filet (5,5b; cf. Jn 21,6b). Ils prennent alors une grande quantité de poissons (5,6a; cf. Jn 21,6c) et leurs filets étaient sur le point de se rompre (5,6b; cf. Jn 21,11b).

Dans Jean, ce récit de miracle ne semble pas avoir de "pointe" spéciale. Son but était simplement de constituer le troisième des "signes" permettant de comparer Jésus à Moïse, d'après Ex,4,1-9, comme nous l'avons fait remarquer à propos du miracle de l'eau changée en vin.

b) Le récit du repas de pain et de poisson comportait les versets 9 et 12a.13:

> 9. Lors donc qu'ils descendirent à terre, ils voient de la braise et un poisson placé dessus et du pain.
> 12a. Jésus leur dit: «Venez, mangez.»
> 13. Il vient et il prend le pain et il leur donne, et de même du poisson.

On notera une différence de vocabulaire avec le récit précédent. Dans celui-ci, les poissons, encore vivants, sont régulièrement désignés par le terme ἰχθύς (verset 6). Dans le présent récit, il s'agit d'un ὀψάριον (vv. 9 et 13), ce qui est normal pour un poisson grillé, prêt à être mangé[1]. C'est ce mot qui avait été utilisé déjà en Jn 6,9.11, et il est propre à Jean dans tout le NT.

Mais où se trouvait primitivement ce récit? Il suivait nécessairement un récit de voyage par mer. Nous pensons que, dans l'évangile primitif, il faisait suite au récit de la tempête apaisée, en Jn 6,16-21 qui se termine sur ces mots: «Et ausitôt le bateau se trouva à la terre où ils allaient.» C'est en descendant à terre qu'ils voient préparé le repas de poisson grillé et de pain.

c) C'est le verset 10 qui essaie de faire la synthèse entre les deux récits: «Jésus leur dit: "Apportez des poissons que vous avez pris maintenant".» Le mot grec pour signifier "poisson" est ici ὀψάριον, ce qui est anormal puisqu'il s'agit de poissons encore vivants dans l'eau, d'après le verset suivant. Mais le compilateur pense que le repas sera composé *aussi* de quelques-uns des poissons que viennent de pêcher les apôtres, d'où le partitif "apportez des poissons (ἀπὸ τῶν ὀψαρίων) que vous avez pris maintenant". Il anticipe donc et appelle ὀψάριον ces poissons qui vont servir de nourriture (ce qui n'était pas impossible en grec). Cette fusion entre les deux récits est préparée par le verset 5: «Jésus leur dit: "Enfants, avez-vous quelque chose à manger? (μή τι προσφάγιον ἔχετε)" Ils lui répondirent "Non".» On comparera avec la question que pose aux disciples le Christ ressuscité en Lc 24,41: «Avez-vous ici quelque nourriture (ἔχετέ τι βρώσιμον ἐνθάδε)?» Dans le récit johannique, ils n'ont rien à manger parce qu'ils n'ont pris aucun poisson, mais la pêche miraculeuse va remédier à ce manque, comme l'indique le verset 10. C'est pour obéir à l'ordre de Jésus que Pierre remonte en bateau et amène le filet à terre (v. 11).

---

1 C'est un diminutis de ὄψον qui signifie, d'après le dictionnaire grec-français de M.A. BAILLY "Tout aliment préparé sur le feu", et, par extension, "Tout ce qu'on mange avec le pain". Voir aussi BAUER-ALAND, *Wörterbuch,* col. 1215.

C'est donc Luc qui a transformé en récits d'apparition du Christ ressuscité deux récits qui concernaient primitivement la vie terrestre de Jésus. À la fin du verset 14, il a donc ajouté la précision "ressuscité des morts". Mais son activité rédactionnelle ne s'arrête pas là. Dans la tradition évangélique, presque tous les récits d'apparition du Christ ressuscité comportent un détail typique: ceux qui voient le Christ ne le reconnaissent pas, à moins que celui-ci ne dise une parole ou ne fasse un geste qui le fasse reconnaître. Ainsi des disciples d'Emmaüs (Lc 24,16), de l'ensemble des disciples (Lc 24,37.41 et Jn 20,20), de Marie Madeleine (Jn 20,14), d'une partie des disciples lors de l'apparition en Galilée (Mt 28,17). Luc a donc voulu introduire ce thème ici. C'est lui qui a ajouté le verset 4b "Cependant les disciples ne savaient pas que c'était Jésus", copié sur l'apparition à Marie Madeleine en 20,14: «Elle voit Jésus debout et elle ne savait pas que c'était Jésus.» Mais le miracle ouvre les yeux du disciple que Jésus aimait, d'où le jeu de scène des versets 7-8. Luc introduit ici la personne de ce disciple mystérieux, comme il va le faire en 21,20. Toujours dans le même but il ajoute encore le verset 12b : «Mais aucun des disciples n'osait lui demander "Qui es-tu?", sachant que c'était le Seigneur.»

d) Le lecteur qui nous a suivi jusqu'ici ne manquera pas de nous poser une question inévitable: pourquoi Luc a-t-il voulu changer en récit d'apparition du Christ ressuscité deux récits qui se seraient passés durant la vie terrestre de Jésus? C'est, croyons-nous, pour évoquer la constitution de l'Église sous l'égide du Ressuscité. Ce symbolisme était déjà insinué dans la finale du récit lucanien de la pêche miraculeuse, lorsque Jésus dit à Simon: «Ne crains pas, à partir de maintenant tu seras pêcheur d'hommes» (Lc 5,10). Les poissons symbolisent donc les futurs disciples du Christ. Mais ici, Luc doit penser aussi à la parabole du Christ racontée en Mt 13,47 ss: «Le royaume des cieux est semblable à un filet jeté dans la mer et rassemblant [des poissons] de toute sorte, que, lorsqu'il fut plein, ils tirèrent sur le rivage et s'étant assis ils ont recueilli les bons dans des corbeilles et rejeté les mauvais.» Le détail des pêcheurs qui tirent le filet sur le rivage a pu suggérer à Luc d'ajouter dans le récit johannique le verset 11: Simon Pierre monte dans la barque et tire le filet à terre. Les futurs disciples du Christ sont au nombre de 153. C'est un chiffre "triangulaire" constitué par la somme des chiffres allant de 1 à 17. Le chiffre 17 est celui qui donne le symbolisme du total. Or 17 = 10 + 7. Le premier symbolise la multitude et le second la totalité. De même, les apôtres qui vont à la pêche sont au nombre de sept, chiffre dont nous venons de préciser le symbolisme. – Le repas de pain et de poisson évoque évidemment le récit de la multiplication des pains et des poissons. Y aurait-il une allusion implicite à l'eucharistie, le sacrement essentiel de l'Église? C'est possible. Nous croyons toutefois que l'intention de Luc est autre. Nous avons montré ailleurs[1] que le récit de la multiplication des pains avait une valeur symbolique: le pain signifie l'enseignement que le Christ donne aux apôtres pour que ceux-ci le distribuent aux foules. Il en serait de même ici: c'est l'enseignement du Christ qui va constituer l'âme de l'Église. Enfin, tous les développements des versets 15 à 23 mettent en évidence la personne de Pierre, constitué le pasteur des fidèles (les brebis) à la suite du Christ (cf. Jn 10,1-6).

Tout ce chapitre 21 a donc pour but de faire allusion à la constitution de l'Église après le départ du Christ. C'est cette constitution de l'Église que Luc a développée dans les Actes des apôtres.

e) Nous pouvons maintenant revenir sur le problème des deux conclusions de l'évangile sous sa forme actuelle. Voici l'hypothèse que nous proposons. Le texte de 21,25, qui n'est pas de style spécialement johannique, devait former la conclusion de la source la plus ancienne reprise par l'évangile de Jean (le Document C). Elle se situait à la fin du récit de l'apparition de Jésus au groupe des disciples (20,12 ss), récit connu aussi de Luc (24,36 ss) et qui doit remonter au Document C. Ici, Luc ajoute à l'évangile de Jean primitif le chapitre 21. Pour respecter sa source, il rejette en finale de l'évangile la conclusion primitive de 21,15. Mais, toujours pour respecter sa source, il compose une nouvelle conclusion, (20,30-31), en démarquent celle de 21,25, qu'il place là où l'évangile primitif plaçait sa propre conclusion: à la fin du chapitre 20.

---

1 *Jésus, un homme de Nazareth, raconté par Marc l'évangéliste*, pp. 90-92.

LA SAMARITAINE
(4,1-42)

Dans l'épisode de l'entretien de Jésus avec la Samaritaine, nous allons essayer de faire le tri entre les additions que l'on peut attribuer, d'une part à Jean (IIA ou IIB), d'autre part à Luc. Nous ne reprendrons pas les démonstations que nous avons faites dans notre commentaire sur Jean pour donner comme ajouts au récit primitif: le groupe formé par 3,22 et 4,1-4, qui est d'ailleurs ignoré par Diodore de Tarse et donc de notre Évangile pré-johannique; le dialogue concernant l'eau vive (4,10-15); le développement sur l'adoration en esprit et en vérité (4,19-26), reconnu comme ajout par nombre de commentateurs et ignoré de Diodore; enfin le dialogue de Jésus avec ses disciples en 4,31-38, que Wellhausen déjà avait considéré comme un ajout et qui est ignoré lui aussi de Diodore. Nous ne reprendrons pas la discussion des versets 41-42 que nous avons déjà admis être de Luc (p. 30 s.).

1. De Judée en Galilée

Selon l'évangile sous sa forme actuelle, Jésus demeurait en Judée (3,22), puis il la quitte pour s'en aller en Galilée (4,1-3). Il lui fallait alors passer par la Samarie (4,4). Il vient donc dans une ville de Samarie appelée Sychar (4,5) et, fatigué de la route parcourue, il s'assied près d'une source (4,6). L'Évangile pré-johannique nous donne une situation très différente. Dans son commentaire, Diodore de Tarse omet, d'une part le verset 3,22, d'autre part les versets 4,1-4. Jésus rencontre la Samaritaine, non pas au cours d'un voyage de Judée en Galilée, mais parce qu'il se trouvait déjà en Samarie. Certains détails des versets 5-6 le confirment. Au verset 5, la précision "de Samarie" était superflue, et elle est omise effectivement par Diodore appuyé par les Harmonies médiévales de Liège et de Pepys. De même au verset 6, la précision que la fatigue de Jésus provient "de la route parcourue", impossible si Jésus n'a pas voyagé de Judée en Samarie, est ignorée de Diodore soutenu par

Chrysostome, Ambroise et la Syriaque Sinaïtique. Toutes ces variantes sont parfaitement cohérentes.

Quels renseignements va nous donner l'analyse stylistique de ces différents passages? Le texte le plus significatif est celui de 3,22. Pour dire que Jésus "demeurait" en Judée, nous avons le verbe διατρίβειν. Or ce verbe est ignoré ailleurs de Jean qui préfère employer μένειν (2,12; 4,40; 7,9; 10,40; 11,6.54). Voir par exemple 10,40: «Et il s'en alla de nouveau au-delà du Jourdain à l'endroit où Jean baptisait d'abord et il y demeura (ἔμεινεν).» En revanche, le verbe διατρίβειν, ignoré de Marc et de Matthieu comme du reste du NT, est spécialement fréquent dans les Actes (12,29; 14,3.28; 15,35; 16,12; 20,6; 25,6.14). Dans tous ces textes, il s'agit de demeurer dans un lieu déterminé. Nous sommes donc devant une note typiquement lucanienne: c'est Luc et non pas Jean qui a composé 3,22.

Au chapitre 4, les versets 1-3 n'offrent rien de très caractéristique. Notons, par mode de parenthèse, que le verset 2, qui précise que Jésus lui-même ne baptisait pas, est probablement une glose de l'ultime rédacteur de l'évangile. Au verset 4, le verbe "traverser" (διέρχεσθαι) est très lucanien (2/2/10/2/20). En Ac 15,3, il s'agit de traverser la Phénicie et la Samarie. Il ne se lit ailleurs chez Jean qu'en 4,15. Suivi de la préposition διά, comme ici, on le trouve en Lc 4,30; 11,24 (= Mt 12,43); 17,11; Ac 9,32.

Inutile d'insister sur l'intérêt que montre Luc pour la Samarie, surtout dans les Actes. Notons seulement un détail. Nous avons vu plus haut qu'au verset 5 Luc avait ajouté le génitif "de Samarie" pour obtenir la phrase "Il vient donc dans une ville de Samarie". On comparera avec Ac 8,5 lu selon le TO "étant descendu dans une ville de Samarie" (le TA ajoute l'article devant "ville").

Au verset 6 enfin, Luc précise que si Jésus est fatigué, c'est en raison du "voyage par route" (ἐκ τῆς ὁδοιπορίας). Ce substantif ne se lit ailleurs qu'en 2 Co 11,26, mais Ac 10,9 connaît le verbe "faire route" (ὁδοπορεῖν), hapax du NT.

En résumé, si l'on considère l'ensemble constitué par Jn 3,22 et 4,1-4, qui, absents de l'Évangile pré-johannique, sont liés pour décrire un voyage que Jésus aurait accompli de Judée en Galilée à travers la

Samarie, nous pouvons les attribuer à l'activité littéraire de Luc, surtout en raison de 3,22. Ajoutons que ce voyage correspond aux déplacements du Christ tels que Luc les a racontés dans son évangile, comme nous l'avons montré p. 66.

2. L'eau vive (4,10-15)

Selon Bultmann et Fortna, le développement sur l'eau vive n'appartenait pas au récit primitif. C'est aussi la position que nous avions adoptée dans notre commentaire en l'attribuant à Jean IIA, mais légèrement retouché par Jean IIB. En fait, nous pensons maintenant que, si l'addition du passage est bien de Jean, les retouches sont l'œuvre de Luc.

a) Au verset 10, nous lisons dans le texte actuel : «Su tu savaits le don de Dieu et qui est celui qui te dis...» L'expression "le don de Dieu" est un ajout au texte de Jean. En effet, le verbe "savoir" (οἶδα) est suivi ici d'un complément direct, puis d'une proposition interrogative indirecte. Or dans tout le NT on trouve 24 fois ce verbe suivi d'une telle proposition, mais celle-ci n'est jamais séparée du verbe par un complément direct, comme ici. Ce complément doit donc être un ajout.

Le mot "don" (δωρεά), inconnu de Marc et de Matthieu, ne se lit qu'ici chez Jean alors qu'il revient 4 fois dans les Actes (2,38; 8,20; 10,45; 11,17), et en Ac 8,20 dans la formule "le don de Dieu". Dans tous ces textes, ce don de Dieu n'est autre que l'Esprit Saint. En ajoutant cette expression ici, Luc lui donne certainement le même sens. Pour lui, cet Esprit serait symbolisé par l'eau vive que donne Jésus, avec peut-être une allusion à l'eau du baptême. Ce symbolisme n'était pas celui voulu par Jean. Le verset 14 en effet, qui est de lui, démarque le texte de Pr 18,4 lu selon la Septante: «Une eau profonde [est] la parole dans le cœur de l'homme, un fleuve qui jaillit, une source de vie.» L'eau vive symbolisait donc la parole de Dieu que nous transmet le Christ.

b) Ce développement sur l'eau vive contient un procédé littéraire typiquement johannique: Jésus prononce une parole ambiguë (v. 10): l'eau vive. La Samaritaine la comprend au sens matériel (vv. 11-12) alors que Jésus l'entendait au sens symbolique (vv. 13-14). Mais le verset 15 reprend l'incompréhension de la femme: «Seigneur donne-moi de cette eau afin que je n'aie plus soif et que je ne vienne pas ici puiser.» Elle comprend encore la parole de Jésus au sens matériel. Ceci est impossible au niveau de Jean. Il faut donc voir dans les versets 11-12 et 15 un doublet, conservé par l'ultime rédacteur de l'évangile. Mais de ce doublet, quelle partie remonte à Jean et laquelle serait de Luc? Nous pensons que le verset 15 appartenait au récit primitif tandis que Luc l'aurait remplacé par les versets 11-12[1].

Voici le dialogue tel que Jean l'avait écrit, qui a son parallèle exact en 6,33-35:

4,10.15.13	6,33-35
10 ... c'est toi qui lui aurait demandé	33
et il t'aurait donné de l'eau vive.	Car le pain de Dieu est celui qui...
	donne la vie au monde.
15 La femme lui dit:	34 Ils lui dirent donc:
Seigneur, donne-moi de cette eau	Seigneur, donne-nous toujours de ce pain.
que je n'aie plus soif	
et que je ne vienne plus ici puiser.	
13 Jésus répondit et lui dit...	35 Jésus leur dit:
	Je suis le pain de la vie
	celui qui vient à moi n'aura pas faim
celui qui boira de l'eau que je lui	et celui qui croit en moi
donnerai n'aura plus jamais soif...	n'aura jamais soif...

Le parallélisme entre les deux textes est parfait. Le verset 15 s'insère donc bien dans la trame du procédé littéraire sans introduire d'idée nouvelle.

Les versets 11-12 au contraire sont beaucoup trop long et introduisent des idées nouvelles. On notera d'abord le changement de "source" (πηγή), deux fois au verset 6, en "puits" (φρέαρ), aux versets 11 et 12, probablement sous l'influence de Gn 21,19; il s'agit d'Agar perdue dans le désert: «Et Dieu ouvrit ses yeux et elle vit un puits d'eau vive (φρέαρ ὕδατος ζῶντος).» Par ailleurs, le verset 12 veut justifier le nom "source de Jacob" du verset 6: «Es-tu plus grand que notre père Jacob qui nous a donné ce puits et lui-même en a bu et ses fils et ses troupeaux.» Jn 4,5 parlait seulement d'un terrain donné par Jacob à

---

1 Nous avions adopté la solution inverse dans notre commentaire sur Jean.

Joseph, en référence à Jos 24,32. Luc généralise et admet que Jacob avait creusé le puits qui s'y trouvait. Mais Luc se réfère probablement à Ex 17,3; il s'agit du rocher frappé par Moïse dans le désert pour abreuver les Hébreux assoiffés; ceux-ci demandent: «Pourquoi nous as-tu fait monter d'Égypte, *moi, mes fils et mes bêtes?*»

Pour être complet, signalons que le mot φρέαρ ne se lit ailleurs dans le NT qu'en Lc 14,5 et 3 fois dans l'Apocalypse. De même, l'adjectif "profond" (βαϑύς) ne se lit ailleurs qu'en Lc 24,1; Ac 20,9 et une fois dans l'Apocalypse. Les mots ἄντλημα et ϑρέμμα sont des hapax du NT.

Pour l'attibution de ces versets à Luc, on objectera que le début du verset 12 a son équivalent en 8,53: «Es-tu plus grand que notre père Abraham...» Luc a-t-il imité le style de Jean, comme souvent ailleurs (cf. p. 98)? Ou ne serait-ce pas l'indice que 8,53 serait aussi de Luc?

3. L'adoration de Dieu (4,19-26)

Les Samaritains avaient édifié un Temple sur le mont Garizim et c'est là qu'ils adoraient Dieu au lieu de venir l'adorer dans le Temple de Jérusalem, comme le faisaient tous les Juifs. La Samaritaine, qui reconnaît en Jésus un prophète, lui demande donc si c'est sur le mont Garizim ou à Jérusalem que se trouve le véritable lieu du culte (v. 20). Jésus lui répond en renvoyant Juifs et Samaritains dos à dos: l'heure vient où ce n'est plus dans un temple que l'on adorera Dieu, mais "en esprit et en vérité" (v. 23).

a) Notre idée première avait été d'attribuer tout ce passage à Luc. Dans les Actes des apôtres, Étienne, s'appuyant sur le texte d'Is 66,1-2, affirme que "Le Très-Haut n'habite pas dans des constructions faites à la main" (7,48-50). C'est ce qu'affirme également Paul devant les Athéniens: «Dieu, qui a fait le monde et tout ce qui est en lui, celui qui est le maître du ciel et de la terre, n'habite pas dans des sanctuaires faits à la main» (7,28). Jn 4,19-26 développe donc un thème cher à Luc. On notera aussi au verset 22 l'affirmation que "le salut vient des Juifs", qui est lucanienne et non johannique: le mot "salut" (σωτηρία) se lit dans la proportion suivante: 0/0/4/1/5), donc ici seulement chez Jean; et nous avons vu que Luc avait composé Jn 4,41-42 où Jésus est appelé

"Sauveur du monde" (mais cf. *infra*). Toutefois, en dehors de cette affirmation, le passage ne comporte aucune note lucanienne. En revanche, il abonde en expressions johanniques. Au verset 21, la phrase "l'heure vient et elle est maintenant", comme en 5,23. Au verset 25, l'équivalence entre les deux termes "Messie" et "Christ", comme en 1,41. Le mot "Messie" ne se trouve nulle part ailleurs dans le NT. Au même verset, la phrase "lorsque celui-là viendra, il nous expliquera toutes choses", a son équivalent en 16,13: «Lorsque celui-là viendra, l'Esprit de vérité... il nous expliquera ce qui va venir.» Enfin l'affirmation de Jésus au verset 26 "C'est moi, celui qui te parle" a son équivalent en 9,37 "celui qui parle avec toi, c'est celui-là". C'est vraiment trop pour que l'on puisse parler ici d'un style imitatif. On se reportera d'ailleurs à Jn 2,19 (de l'évangile primitif) qui rapporte cette parole du Christ: «Détruisez ce sanctuaire et en trois jours je le relèverai.» Et l'évangéliste commente: «Il disait cela du sanctuaire de son corps» (v. 21). C'est donc affirmer implicitement que, dans l'économie nouvelle, le Temple de Jérusalem sera remplacé par le corps du Christ. La pensée johannique rejoint celle de Luc.

b) Le verset 22 fait tout de même problème: «Vous, vous adorez ce que vous ne savez pas; nous, nous adorons ce que nous savons, car le salut vient de Juifs.» Bultmann déjà avait fait remarquer que cette dernière phrase ne pouvait être de Jean, qui n'aime pas le judaïsme, et nous avons vu plus haut que "salut" est un terme typiquement lucanien. On serait donc tenté d'attribuer à Luc ce verset 22. On notera toutefois que ce verset reconnaît la primauté du Temple de Jérusalem sur celui du Garizim, ce qui est contraire au sens de l'ensemble du passage et à la pensée lucanienne. Nous pensons donc que le verset 22 fut ajouté par l'ultime rédacteur de l'évangile (qui pour nous n'est pas Luc), dont nous avons noté par ailleurs les tendances judaïsantes[1].

4. La nourriture du Christ (4,31-38)

Cette section commence par mettre en œuvre le procédé littéraire que nous avons noté plus haut à propos de l'eau vive: Jésus dit avoir une nourriture à manger que les disciples ne connaissent pas (v. 32). Ceux-ci

---

1 Voir à propos de l'eschatologie personnelle notre commentaire sur Jean, p. 60 (7h).

sont dans l'embarras car ils comprennent le mot au sens matériel (v. 33). Jésus donne alors le vrai sens qu'il faut donner à sa parole (v. 34). D'une façon plus concrète, la suite des paroles de Jésus fait allusion aux Samaritains, qui sont mûrs pour être moissonnés par les apôtres, alors que d'autres ont semé, probablement Jean-Baptiste et ses disciples.

Nous n'avons trouvé dans ce passage aucune note lucanienne. Tout semble donc devoir être attribué à Jean.

LA FEMME ADULTÈRE
(7,53-8,11)

Cette péricope pose un problème classique. Nous ne voulons pas exposer la façon assez complexe dont elle est attestée dans les témoins du quatrième évangile, ou même de l'évangile de Luc (mais voir en finale), ce qui alourdirait notre exposé sans rien lui apporter de positif[1]. Disons seulement que cette péricope, attestée en Jn 7,53-8,11 dans de très nombreux témoins manuscrits, dont le codex de Bèze (D), est ignorée de l'ensemble de la tradition alexandrine, y compris P[66] et P[75]. Par ailleurs, on le reconnaît d'ordinaire avec raison, son style n'a à peu près rien à voir avec le style du quatrième évangile. L'opinion la plus courante est donc que cette péricope n'a jamais fait partie du quatrième évangile[2]. Mais quelle est son origine?

Le problème se complique du fait que, si le style de la péricope n'est pas johannique, il se rapproche beaucoup de celui de Luc. Ce fait a bien été mis en lumière dans l'étude magistrale menée par Ulrich BECKER[3] en 1963, spécialement aux pages 43-74. Mais Becker refuse d'en faire une composition lucanienne, en raison spécialement de quelques notes contraires au style de Lc qu'il comporte (p. 69 ss.). Mais Luc n'aurait-il pas repris un récit plus ancien dont il aurait conservé quelques expressions insolites chez lui? Et s'il n'en était pas l'auteur, comment expliquer qu'un autre que lui aurait voulu si parfaitement imité son style? – Nous avions nous-même analysé la péricope dans notre

---

1 Nous renvoyons ceux qui voudraient approfondir ce problème à l'exposé très complet qui en a été fait par Gianluigi COLOMBO, "La critica testuále di fronte alla pericope dell' adúltera", *Rivista Biblica* 42 (1994) 81-102. D'une façon plus simple, voir *The Greek New Testament*, pp. 355-357.

2 Signalons toutefois l'effort désespéré de J.P. HEIL pour défendre l'authenticité johannique de la péricope: "The Story of Jesus and the Adulteress (John 7,53-8,11) Reconsidered", *Biblica* 72 (1991) 182-192.

3 *Jesus und die Ehebrecherin. Untersuchungen zur Text- und Überlieferungsgeschichte von Joh. 7,53-8,12* (BZNT, 28), Berlin, Töpelmann, 1963.

commentaire paru en 1972[1]. Après en avoir relevé les caractéristiques stylistiques lucaniennes, nos conclusions restaient imprécises. Nous envisagions deux hypothèses: la péricope aurait fait partie du proto-Luc, puis aurait été insérée dans le quatrième évangile par Jean IIB. Mais nous envisagions aussi l'hypothèse d'une rédaction tardive due à un scribe, malgré les difficultés qu'elle présentait. – Plus récemment (1992), Josep RIUS-CAMPS[2] a repris l'examen du problème. Pour lui, les caractéristiques stylistiques lucaniennes du récit sont si nombreuses qu'il ne peut avoir été écrit que par Luc. La péricope se trouvait primitivement dans la section lucanienne du Temple, quelque part entre 19,47 et 21,38 (c'est donc la première hypothèse que nous avions envisagée). – Dans le présent chapitre, nous concluons encore, comme dans notre commentaire, à une rédaction lucanienne de l'épisode. Mais le résultat des analyses que nous avons faites jusqu'ici vont nous permettre de proposer une hypothèse nouvelle, la plus logique que nous puissions faire: c'est Luc qui, en éditant et en complétant l'évangile de Jean, y aurait introduit la péricope de la femme adultère. Elle ne faisait donc pas partie de l'évangile johannique primitif, mais elle se lisait dans l'évangile de Jean édité par Luc. Nous verrons pourquoi elle aurait été supprimée de la tradition textuelle alexandrine (et africaine).

Un fait reste probable: comme il l'affirme lui-même, Eusèbe de Césarée[3] lisait chez Papias de Hiérapolis l'histoire d'une femme accusée de nombreux péchés auprès de Jésus. Comme celui-ci écrivait vers 125, d'il s'agit bien de la femme adultère dont par Jn 8,1-11, ce récit aurait une origine très ancienne. Nous reviendrons sur ce témoignage d'Eusèbe au terme de ce chapitre.

---

1 Pp. 215-217.
2 "Origen lucano de la pericopa de la mujer adultera (Jn 7,53-8,11)", dans *Filologia neotestamentaria*, vol. V, Cordoba, 1992, pp. 149-175.
3 *Hist. Eccl.* III, 38, 17).

1. L'introduction du récit

Lc 21,37-38	Jn 8,1-2
ἦν δὲ τὰς ἡμέρας ἐν τῷ ἱερῷ	
διδάσκων, τὰς δὲ νύκτας	
ἐξερχόμενος ηὐλίζετο	Ἰησοῦς δὲ ἐπορεύθη
εἰς τὸ ὄρος τὸ καλούμενον	εἰς τὸ ὄρος
ἐλαιῶν	τῶν ἐλαιῶν
	ὄρθρου δὲ πάλιν
	παρεγένετο εἰς τὸ ἱερὸν
καὶ πᾶς ὁ λαὸς ὤρθριζεν	καὶ πᾶς ὁ λαὸς ἤρχετο
πρὸς αὐτὸν ἐν τῷ ἱερῷ	πρὸς αὐτὸν
ἀκούειν αὐτοῦ.	καὶ καθίσας ἐδίδασκεν αὐτούς.

Lc 19,47.48: καὶ ἦν διδάσκων τὸ καθ' ἡμέραν ἐν τῷ ἱερῷ ... ὁ λαὸς γὰρ ἅπας ἐξεκρέματο αὐτοῦ ἀκούων.

Or il était, les jours, dans le Temple	
enseignant, mais les nuits	
en sortant il séjournait en plein air	Or Jésus partit
au mont appelé	au mont
des Oliviers	des Oliviers
	et à l'aurore de nouveau
	il arrivait dans le Temple
et tout le peuple venait à l'aurore	et tout le peuple venait
vers lui dans le Temple	vers lui
pour l'écouter.	et s'étant assis il les enseignait.

– Et il enseignait durant le jour dans le Temple... En effet tout le peuple était suspendu en l'écoutant.

Malgré une inversion, les deux textes de Lc 21,37-38 et de Jn 8,1-2 sont thématiquement et littérairement étroitement liés l'un à l'autre. comment justifier ce lien?

Le texte de Jn 8,1-2 est parfaitement homogène et de style typiquement lucanien (nous l'appellerons le texte Jean/Luc). Notons d'abord qu'il est assez proche de celui qui se lit en Ac 5,20-21. Un ange dit aux apôtres enfermés dans leur prison: «Partez et vous tenant dans le Temple dites au peuple toutes les paroles de cette vie.» Et Luc continue: «Or ayant entendu, ils entrèrent à l'aurore dans le Temple et ils enseignaient.»

Au début du verset 1, la formule "Or Jésus" (Ἰησοῦς δέ, sans article) ne se lit ailleurs qu'en Lc 4,1; 22,48; Jn 8,59 et 12,44. Elle peut donc être ici aussi bien de Luc que de Jean. – Le verbe "partir" (πορεύεσθαι), qui suit, est utilisé par Jean, mais beaucoup plus encore par Luc (28/1/49/12/38). Mais on ne peut rien conclure de ce fait. – Jean ne mentionne nulle part ailleurs le mont des Oliviers, alors que Luc en parle, mais comme Marc et Matthieu.

Beaucoup plus intéressant est l'adverbe "à l'aurore" (ὄρθρος) qui ne se lit ailleurs dans le NT qu'en Lc 24,1 et Ac 5,21 (dans ce texte cité un peu plus haut). On notera que le parallèle de Lc 21,38 a le verbe de même racine ὀρθρίζειν, hapax du NT. En Lc 24,22 on a de même l'adjectif ὀρθρινός, hapax lui aussi du NT. Nous avons donc ici une caractéristique lucanienne absolue. On notera que l'adverbe qui se lit en Jean/Luc est plus lucanien que le verbe utilisé dans le parallèle de Lc 21,38.

Le verbe "arriver" (παραγίνεσθαι), ailleurs chez Jean seulement en 3,23, est de saveur très lucanienne (3/1/8/1/20). Ajoutons que, suivi de la préposition εἰς, il n'est attesté ailleurs qu'en Mt 2,1 et Ac 9,26; 13,14; 15,4; 17,10 et 24,17. – La formule "tout le peuple" (πᾶς ὁ λαός), qui se lit aussi dans le parallèle de Luc, est inconnue de Jean mais fréquente dans les écrits lucaniens (1/0/12/0/6). – La finale du texte Jean/Luc nous apprend que Jésus "s'étant assis (καθίσας) les enseignait". Un seul autre texte du NT précise que Jésus est assis pour enseigner, Lc 5,3: «... or s'étant assis (καθίσας), de la barque il enseignait les foules.»

La rédaction lucanienne de Jn 8,1-2 ne saurait faire de doute; elle ne comporte, de ce point de vue, aucune fausse note.

Contrairement à celui de Jean/Luc, le texte de Lc 21,37-38 n'est pas homogène. Le thème de l'enseignement du Christ est exprimé, d'abord au début du verset 37, puis à nouveau au verset 38, avec le redoublement de la formule "dans le Temple". On constate de plus que lorsque Luc se distingue de Jean/Luc, c'est parfois pour se rapprocher du parallèle de Lc 19,47-48. On comparera le verset 37a à Lc 19,47: «Et il enseignait durant le jour dans le Temple.» Rappelons que la localisation "dans le Temple" forme doublet avec celle qui se lit au verset 48. En finale du verset 38 la formule "pour l'écouter" a son équivalent en 19,48 "en l'écoutant" (le codex D a "pour l'écouter"). Ajoutons que la formule "le mont appelé des Oliviers" se lit aussi en Lc 19,29 (ailleurs seulement en Ac 1,12). On peut donc conclure que le texte de Lc 21,37-38 reprend un texte analogue à celui de Jean/Luc, mais en le remaniant en fonction du parallèle de Lc 19,47-48 (avec probablement aussi influence du verset 29). Jn 8,1-2 ne peut donc pas dépendre de Lc 21,37-38. C'est un excellent texte de rédaction purement lucanienne.

2. Le corps du récit

Le corps du récit lui-même est de style lucanien et non johannique.

– Comme dans l'introduction, la liaison des phrases se fait presque uniformément par la conjonction δέ, qui revient 11 fois en Jn 8,1-11. C'est une caractéristique lucanienne: 60 fois chez Luc et 18 fois dans les Actes, comme par exemple dans le récit de la guérison de l'homme à la main sèche (Lc 6,1-11) où elle se lit 7 fois. Jean ne l'utilise qu'en 12,6, mais pour marquer une opposition; il a d'ordinaire une liaison par οὖν.

– En Jn 8,3, ce sont "les scribes et les Pharisiens" qui amènent à Jésus une femme coupable d'adultère. Or les scribes, souvent nommés dans les Synoptiques, ne le sont jamais chez Jean. D'une façon plus précise, le groupe "scribes et Pharisiens", nommés dans cet ordre, se lit dans la proportion suivante: 6/0/3/0/0. Mais précisons ces trois occurrences lucaniennes: en Lc 5,21 et 6,7, les parallèles de Marc et de Matthieu n'ont pas cette expression, qui fut donc ajoutée par Luc. Quant à 11,53, c'est un texte propre à Luc. Sans être spécifiquement lucanienne, l'expression est donc chère à Luc puisqu'il l'ajoute à ses sources.

– Au même verset, les scribes et les Pharisiens amènent la femme adultère et, "l'ayant placée au milieu", ils l'accusent devant Jésus. De même en Lc 6,8, Jésus dit à l'homme à la main sèche "lève-toi et place-toi au milieu". En Ac 4,7 les Sanhédrites accusent les apôtres "les ayant placés au milieu". Le style est donc bien lucanien.

– Au verset 5, l'expression "toi donc" (σὺ οὖν) ne se lit ailleurs qu'en Lc 4,7 (ajouté au parallèle de Matthieu); 22,70; Ac 23,21 et 2 Tm 2,1.

– Le verset 6 commence par ces mots "Or ils disaient cela pour l'éprouver"; une telle phrase, inconnue de Luc, se lit au singulier en Jn 6,6. Est-ce du style imitatif? C'est probable, étant donné les exemples que nous avons rassemblés p. 98. Mais la suite redevient lucanienne: "afin qu'ils aient [un motif] de l'accuser" (ἵνα ἔχωσιν κατηγορεῖν αὐτόν), que l'on pourra comparer à Ac 28,19 "non pas comme ayant [un motif] d'accuser en quelque chose ma nation" (οὐχ ὡς ἔθνους μου ἔχων τι κατηγορεῖν). Ce sont les deux seuls textes du NT où se rencontre la formule "avoir [un motif] d'accuser". On se référera aussi à Lc 6,7 "afin qu'ils trouvent [un motif] de l'accuser" (ἵνα εὕρωσιν κατηγορεῖν αὐτοῦ). Les parallèles de Matthieu et de Marc ont simplement "afin de l'accuser".

– Au verset 7, la formule "Or comme" (ὡς δέ) est nettement plus lucanienne que johannique (0/0/2/5/28). Le verbe "continuer" (ἐπιμένειν) est de saveur lucanienne indéniable (0/0/0/0/6); construit avec un participe, comme ici (ἐπέμενον ἐρωτῶντες), il a son équivalent seulement en Ac 12,16 "Pierre "continuait frappant" (ἐπέμενεν κρούων). Enfin le verbe "se redresser" (ἀνακύπτειν), ici et au verset 10, ne se lit ailleurs qu'en Lc 13,11 et 21,28.

– Au verset 9, le verbe "laisser" (καταλείπειν) ne se lit nulle part ailleurs chez Jean (3/4/4/0/5).

– Le verset 11b commence par la formule "Or dit" (εἶπεν δέ) typique du style de Luc (0/0/60/0/16). La formule "désormais" (ἀπὸ τοῦ νῦν), ignorée de Jean, est également typique du style de Lc (0/0/5/0/1).

3. Origine du récit

L'analyse stylistique de l'ensemble de Jn 8,1-11 permet de conclure avec une quasi certitude que, non seulement ce récit n'est pas johannique (ce que l'on admet d'ordinaire), mais qu'il fut rédigé par Luc.

a) Dans nos analyses précédentes, nous avons constaté que Luc, non seulement avait considérablement remanié et amplifié certains récits de l'évangile johannique, mais encore qu'il y avait ajouté des sections entières, comme la conclusion de 20,30-31 et surtout l'apparition de Jésus à Thomas (20,24-29) et la majeure partie du chapitre 21. L'hypo–thèse la plus logique est donc de supposer que c'est Luc qui aurait ajouté à l'évangile johannique le récit de la femme adultère. Ce récit aurait été supprimé, soit par l'ultime rédacteur de l'évangile (différent de Luc), soit plus probablement par un réviseur appartenant à l'école d'Alexandrie. On aura jugé que, dans ce récit, Jésus pardonnait trop facilement à la femme adultère: n'était-ce pas excuser à l'avance des fautes semblables, et donc, pensait-on, encourager le vice? C'est la raison que donne Augustin : *Sed hoc videlicet infidelium sensus exhorret, ita ut nonulli modicae fidei vel potius iniminci verae fidei, credo, metuentes peccandi impunitatem dari mulieribus suis, illud quod de adulterae indulgentia Dominus fecit, auferrent de codicibus suis, quasi permissionem peccandi tribuerit qui dixit: iam dinceps noli peccare.*»[1]

b) Il est probable que Luc n'a pas inventé lui-même cet épisode (ce n'est pas son habitude). Une indication assez précise pourrait nous avoir été donnée par Eusèbe de Césarée dans une notice qu'il nous a donnée concernant Papias de Hiérapolis, lequel composa vers 125 cinq livres de commentaires sur les logia du Seigneur. Voici ce qu'écrit Eusèbe (*Hist. Eccl.* III, 39, 17): ἐκτέθειται δὲ καὶ ἄλλην ἱστορίαν περὶ γυναικὸς ἐπὶ πολλαῖς ἁματίαις διαβληθείσης ἐπὶ τοῦ Κυρίου, ἣν τὸ καθ' Ἑβραίους εὐαγγέλιον περιέχει - «Mais [Papias] expose encore une autre histoire au sujet d'une femme accusée de beaucoup de péchés auprès du Seigneur, que contient l'évangile selon les Hébreux.» S'agit-il de la péricope de la femme adultère racontée en Jn 8,1-11? BECKER a longuement discuté cette question aux pages 92-105 de son ouvrage, citant les auteurs qui ont répondu, soit affirmativement, soit négativement. Lui-même penche pour l'affirmative: «Halten wir als Ergebnis dieses Abschnittes fest: Papias (± 125) ist der älteste Zeuge für die Perikope von der Ehebrecherin. In seinen λογίων κυριακῶν ἐξηγήσεις hat Euseb sie gelesen» (p. 104). Mais cette conclusion n'est qu'une hypothèse qui, encore maintenant, reste discutable.

Ce problème n'a pour nous qu'une importance secondaire; notre but était de démontrer la rédaction lucanienne de la péricope et son appartenance à l'évangile johannique tel qu'il fut édité par Luc.

---

1 *De adult. coniug.* 2,6; cité par Becker, p. 24 s.

SYNTHÈSES

Nous allons rassembler maintenant quelques-uns des procédés littéraire de Luc.

1. Des textes dédoublés

Quand Luc veut compléter un rédcit repris de sa source johannique, il procède souvent aux moindres frais: il se contente de dédoubler une partie du récit primitif. Voyons par exemple comment il compose le récit de l'apparition à Thomas (et aux autres apôtres) du Christ resussité (Jn 20,24-29). Il ajoute ce récit à celui de l'apparition de Jésus à l'ensemble des apôtres, qu'il tient de sa source johannique (20,19-20). Pour décrire l'apparition même de Jésus (v. 26) il ne fait que reprendre quasi dans les mêmes termes, avec seulement une inversion, ce qu'il lisait dans sa source aux versets 19 et 20 (voir p. 29). – Dans le récit des femmes venant voir le tombeau du Christ, pour harmoniser le récit johannique sur celui des Synoptiques, Luc ajoute la présence de deux anges qui dialoguent avec les femmes (20,11.13). Or ce dialogue reprend, en le mettant au singulier, ce que Marie Madeleine déclare à Pierre et à l'autre disciple selon Jn 20,2, du récit primitif (voir p. 50). – Dans le récit de la résurrection de Lazare, Luc introduit le personnage de Marthe à côté de celui de Marie. Or pour décrire la rencontre entre Marthe et Jésus (11,19-21), Luc reprend, moyennant une inverion, les détails du récit primitif concernant la rencontre entre Marie et Jésus (11,29.31-32). Le reproche qu'adresse Marthe à Jésus (v. 21) est absolument identique à celui que Marie lui avait adressé selon le récit primitif (v. 32) (voir p. 36). – Des deux conclusions de l'évangile, celle qui se lit en 20,30-31, rédigée par Luc, démarque certainement celle de l'évangile primitif (21,25), bien que l'imitation soit moins littérale. – Il arrive enfin à Luc de se dédoubler lui-même, comme dans les deux logia sur la prière en 14,13-14, afin d'obtenir le nombre de cinq logia (p. 43).

2. Textes repris d'un autre contexte

Dans les cas que nous allons énumérer maintenant, il s'agit encore de dédoubler des textes repris de l'évangile johannique, mais placés dans des contextes différents. En d'autres termes, texte primitif et texte imité se trouvent situés fort loin l'un de l'autre, ce qui rend moins évident l'emprunt fait par Luc.

En Jn 18,13-14, Luc prépare le récit de la comparution de Jésus devant Anne (18,19-24), qu'il va composer lui-même, en notant qu'après avoir arrêté Jésus, on le conduit d'abord devant ce personnage dont il précise qu'il était le beau-père de Caïphe. Mais qui était Caïphe? Luc nous l'indique en reprenant presque *ad litteram* les explications données dans sa source en 11,49-50 (voir p. 45). – En Jn 21,20, Luc met en scène "le disciples que Jésus aimait". L'expression est évidemment reprise de l'évangile johannique et pour le rappeler et préciser sa personnalité, Luc reprend, *ad litteram*, les données qu'il lisait en 13,23.25 à propos de la désignation du traître Judas par Jésus (p. 69). – Dans ce même passage (21,20), Luc écrit: «Or s'étant tourné, Pierre voit le disciple que Jésus aimait suivant...» C'est une imitation de ce qui est dit de Jésus en 1,38: «Or s'étant tourné Jésus et les ayant vu suivant...» L'imitation par Luc est soulignée par le changement de verbe pour dire "s'étant tourné": (ἐπιστραφείς) au lieu de (στραφείς). Le second verbe seul est johannique tandis que le premier est lucanien (voir p. 66 s.). – Ce changement stylistique est un des arguments qui permet d'attribuer à Luc la composition de la premiière conclusion de l'évangile, en 20,30-31. Luc s'y réfère au texte de 12,38, où il est dit que Jésus fit beaucoup de signes devant les Juifs. Mais en reprenant la préposition "devant", Luc change l'habituel johannique ἔμπροσθεν en ἐνώπιον, typique de son style (voir p. 18).

Il est très important de tenir compte de ce procédé rédactionnel de Luc pour déterminer le niveau de rédaction de tel ou tel passage de l'évangile. Ainsi, nous avons précisé que Jn 21,15-19 était une composition lucanienne. On nous objectera le verset 19 qui contient cette phrase: «Il disait cela pour signifier de quel genre de mort il glorifierait Dieu», phrase si proche de celle qui se lit en 12,33 et en 18,32. Mais le verset 19 se distingue des deux autres versets par la finale "il glorifierait Dieu",

typiquement lucanienne. Nous avons donc là le style "imitatif" de Luc
(voir p. 69). – Il faut donc se méfier de telles formules qu'il était facile
d'imiter. Ainsi, lorsqu'en 21,2 Luc donne la liste des apôtres qui vont
pêcher avec Simon Pierre, nous avons conclu que les noms de Thomas et
de Nathanaël avaient été ajoutés par Luc, il ne faut pas objecter que la
formule "Thomas le dénommé Didyme" se lisait déjà en Jn 11,16; Luc la
reprend de ce texte, comme il l'avait certainement fait en 20,24 (p. 66).
Il en va de même pour la précision que Nathanaël était "de Cana de
Galilée", même si cette formule se lisait déjà en 2,1.11; il est certain que
Luc l'avait déjà reprise en 4,46a (p. 66). – Nous avons attribué à Luc le
récit selon lequel des soldats romains se partagent les vêtements de Jésus
crucifié (19,23-24) puisque, selon Jean, ce seraient les Juifs qui auraient
emmené Jésus. Il ne faudrait pas objecter le verset 24 qui introduit une
citation de l'AT avec les mots "afin que fut accomplie l'Écriture",
habituelle chez Jean; c'était une forme facile à reprendre (voir p. 49).

Voyons encore le cas de la pêche miraculeuse (21,1 ss). Dans la
source johannique, cet événement se passait au début du ministère du
Christ, mais Luc en a fait un récit d'apparition du Christ resuscité. Or
c'est un thème courant dans les récits d'apparition que les disciples ne
reconnaissent Jésus que lorsqu'il leur a fait un geste ou dit une parole
qui permettent de le reconnaître. Luc a donc introduit ce thème dans son
récit d'apparition en ajoutant le verset 4 "Toutefois les disciles ne
savaient pas que c'était Jésus", phrase reprise de 20,14 où il s'agit de
l'apparition de Jésus à Marie Madeleine, mais mise au pluriel, (voir
p. 73).

Étant donné les exemples précédents, nous avons cru pouvoir
attribuer à une rédaction lucanienne la question que pose la femmme
samaritaine à Jésus en 4,12: «Es-tu plus grand que notre père Jacob...?»,
qui reprend celle qui se lit en 8,53: «Es-tu plus grand que notre père
Abraham...?» (voir p. 81).

3. Imitation de récits parallèles

Les faits que nous allons signaler maintenant sont plus difficiles à
apprécier.

En Jn 21,15-17, le Christ demande trois fois à Pierre s'il l'aime. Sur
sa triple réponse affirmative, il le constitue berger du troupeau des

fidèles et il lui demande de le suivre. Cet épisode offre des analogies certaines avec le récit de Lc 22,31-34 comme nous l'avons montré p. 70 s. – Le récit johannique de la comparution de Jésus devant Anne (Jn 18,19-23 n'est pas sans analogies avec celui de la comparution de Paul devant le Sanhédrin, en Ac 23,1 ss (voir p. 66). – On en peut dire de même du récit selon lequel Jésus annonce à Pierre son destin futur (Jn 21,18) et de celui où le prophète Agabus annonce à Paul qu'il sera livré aux mains des païens (Ac 21,10 s.) (voir p. 69 s.).

En Jn 8,1-2, l'introduction du récit de la femme adultère pardonnée par Jésus, où il est dit que celui-ci enseignait au petit matin dans le Temple, est littérairement proche de ce que Luc nous dit en Ac 5,19-21: en les délivrant de leur prison, un ange prescrit aux apôtres d'aller prêcher au petit matin dans le Temple (voit p. 86).

À eux seuls, ces parallèles ne prouvent pas que Luc ait rédigé tous ces textes johanniques (d'autres arguments le montrent). Mais nous avons pensé qu'il était intéressant de les rapprocher.

4. La reprise rédactionnelle

Lorsqu'il insère un court passage dans sa source johannique, Luc utilise un procédé classique: la reprise rédactionnelle. Ainsi dans le récit de la guérison du fils du fonctionnaire royal, l'insertion du reproche que fait Jésus au père de l'enfant "Si vous ne voyez signes et prodiges vous ne croyez pas" est signalée par le fait que le verset 49 ne fait que reprendre ce que disait le verset 47 (voir p. 24). – Dans le récit de la résurrection de Lazare (11,1 ss), l'insertion des versets 4 et 5 est marquée par la reprise des verbes "entendre" et "être malade" au début du verset 6. Un détail stylistique confirme que cette reprise rédactionnelle est de la main de Luc (voir p. 34 s.). – Quant au récit de la comparution de Jésus devant Anne (18,19-24), il fut inséré postérieurement par Luc dans la trame du récit des·reniements de Pierre, le verset 25 ne faisant que reprendre les données du verset 18: Pierre se tenait là et se chauffait (p. 45).

5. Les intentions de Luc

a) Jean et la tradition synoptique

D'une façon générale, on peut dire que l'activité rédactionnelle de Luc a eu pour but principal de rapprocher l'évangile de Jean de la tradition synoptique. – Cette volonté a amené Luc à compléter des récits repris de sa source johannique, ou à en rédiger de nouveaux, comme nous l'avons montré dans notre chapitre deuxième intitulé "Les miracles et la foi". Dans la tradition johannique ancienne, les miracles avaient pour but de conduire à la foi en Jésus, l'envoyé de Dieu. Luc ne rejette pas cette problématique (puisqu'il garde les récits qui l'exposent), mais il veut montrer, en s'appuyant sur des paroles attribuées au Christ, qu'une foi qui ne s'appuie que sur les miracles est une foi imparfaite, qui vacillera à la moindre difficulté. Le vrai motif de notre foi, c'est la parole de Jésus, son enseignement. La foi ne suit pas le miracle, elle le précède et le conditionne. C'est la position de la tradition synoptique. Mais si Luc a tellement insisté sur cette problématique nouvelle (voir tous les exemples inventoriés au chapitre deuxième), c'est qu'il voulait répondre à une difficulté que devaient éprouver les fidèles de la deuxième génération chrétienne. Ils pouvaient penser qu'il avait été relativement facile aux apôtres de croire en Jésus, puisqu'ils avaient été les témoins de ses miracles, mais qu'il n'en allait pas de même pour eux, qui ne les avaient pas vus. En Jn 4,48, Jésus reproche au fonctionnaire royal: «Si vous ne voyez pas des signes et des prodiges, vous ne croyez pas.» Par delà le fonctionnaire royal, ce sont les contemporains de Luc qui sont visés, étant donné le pluriel des verbes contenus dans cette parole attribuée au Christ.

La volonté de Luc de rapprocher l'évangile de Jean de la tradition synoptique se manifeste encore dans les faits suivants. Dans les récits de la passion du Christ, il ajoute la scène du partage des vêtements de Jésus par les soldats romains bien que, pour la tradition johannique, ce soient les Juifs qui aient procédé à la crucifixion (voir pp. 48 ss). – Lorsqu'il raconte la visite des femmes au tombeau vide, il ajoute au récit johannique la présence de deux anges qui dialoguent avec les femmes (voir p. 50). – D'une façon plus radicale, dans sa source johannique le début du ministère de Jésus était constitué par une série de trois miracles destinés à montrer que Jésus était le prophète semblable à Moïse annoncé par Dt 18,18-19; Luc rompt cette séquence de façon à obtenir une séquence topographique conforme à celle qu'il avait adopté dans son évangile (voir p. 62 s.).

b) La fondation de l'Église

En rédigeant le chapitre 21, Luc a voulu montrer comment le Christ ressuscité avait jeté les fondement de son Église, sous la direction de Pierre constitué pasteur du troupeau des fidèles. C'est dans ce but qu'il a transféré dans ce chapitre le miracle de la pêche miraculeuse auquel il a donné une valeur hautement symbolique (voir p. 74 s.).

Dans les Actes des Apôtres, c'est l'événement de la Pentecôte qui a marqué la fondation de l'Église. On ne s'étonnera pas alors que, dans l'entretien de Jésus avec la Samaritaine, Luc précise que l'eau qu'apporte Jésus symbolise l'Esprit, que Luc appelle "le don de Dieu" (Jn 4,10; voir p. 79).

Ces synthèses nous montrent l'ampleur des remaniements et des amplifications que Luc a introduits dans l'évangile de Jean. On serait donc tenté de l'appeler: évangile johanno-lucanien.

LISTE DES CARACTÉRISTIQUES STYLISTIQUES

Ces caractéristiques stylistiques ont été établies en fonction de l'évangile de Jean: il s'agit de mots ou d'expressions qui ne se lisent qu'une seule fois chez Jean (ou à la rigueur deux fois), mais qui au contraire sont bien attestées chez Luc et dans les Actes des apôtres. La plupart sont des caractéristiques sylistiques lucaniennes (par rapport aux évangiles et aux Actes), mais certaines pourront se lire aussi chez Matthieu ou chez Marc, mais dans une proportion plus grande chez Luc ou dans les Actes.

Dans le comput qui suit la mention de la caractéristique, nous n'avons pas tenu compte des citations de l'Ancien Testament. – Lorsqu'il n'y a aucune mention de la caractéristique dans la colonne Jean, c'est qu'elle se lit dans l'épisode de la femme adultère (Jn 8,1-11).

	Pages
οἱ ἀδελφοί (= la communauté chrétienne) (0/0/1/1/31)	73
ἀκούσας/ἀκούσαντες δέ (6/1/5/1/12)	35
ἀνακύπτειν (0/0/2/0/0)	94
ἄπιστος (1/1/2/1/1)	29
ἀπὸ τοῦ νῦν (0/0/5/0/1)	94
βαθύς (0/0/1/1/1)	85
βιβλίον (au singulier) 0/0/3/1/0)	18
γραμματεῖς καὶ φαρισαῖοι (6/0/3/0/0)	93
διά (+ infinitif) (3/3/8/1/8)	32
διατρίβειν (0/0/0/2/8)	82
διέρχεσθαι (2/2/10/2/20)	82
δοξάζειν τὸν θεόν (0/0/8/1/3)	74
(τὴν) δόξαν (τοῦ) θεοῦ (voir la) (0/0/0/1/1)	35
εἶπεν δέ (0/0/60/0/16)	94
ἐν τῷ ὀνόματι (αὐτοῦ) (0/0/0/1/6)	19
ἐνώπιον (0/0/23/1/13)	17

ἐπιμένειν (0/0/0/0/6)   94
ἐπορεύετο ἤδη δὲ αὐτοῦ + participe (0/0/1/1/0)   27
ἐρωτᾶν περί (au sens de "interroger") (0/0/1/1/0)   47
λαγχάνειν (0/0/1/1/1)   49
μακάριος (13/0/15/2/2)   29
μὲν οὖν (0/0/1/2/27)   17.49
νεώτερος (0/0/3/1/1)   74
οἰκία/οἶκος (sens métaphorique (2/1/1/1/5)   26
ὄρθρος (0/0/(3)/1/1)   92
πάντες οἱ Ἰουδαῖοι (1/0/0/1/6)   47
πᾶς ὁ λαός (1/0/12/0/6)   92
παραγίνεσθαι (3/1/8/1/20)   92
παρίστημι (1/6/3/2/12)   47
παρρησια + λαλεῖν (0/0/0/1/2)   47
πιστεύειν (= se fier à) (0/01/1/0)   32
πιστός (6/0/5/1/3)   29
πολλὰ... καὶ ἄλλα (0/0/1/1/1)   16
πυνθάνεσθαι (1/0/2/1/7)   29
σημεῖα καὶ τέρατα (ou ~) {0/0/0/1/9)   26
σὺ οὖν (0/0/2/0/1)   93
συνέρχεσθαι (1/2/1/1/11)   47
σωτήρ (0/0/3/1/0)   31
τελευτᾶν (0/0/1/1/2)   36
ταυτα/τοῦτο δὲ αὐτοῦ εἰπόντος (0/0/0/1/1)   46
τύπτειν (1/3/5/1/3)   47

INDEX DES AUTEURS CITÉS

ALAND, K. *et alii, The Greek New Testament*[3], United Bible Societies, 1975.

BAUER, W., *Griechisch-deutches Wörterbuch zu den Schriften des Neuen Testaments und der frühchristlichen Literatur. . 6.,* völlig neu bearbeitete Auflage im Institut für neutestamentliche Textforschung/ Münster unter besonderer Mitwirkung von Viktor REICHMANN, herausgegeben von Kurt une Barbara ALAND, Berlin-New York, 1988.

BAILLY, M.1., *Dictionnaire Grec-français,* rédigé avec le concours de M.E. EGGER, septième édition revue, Paris, 1915.

BECKER, U., *Jesus und die Ehebrecherin; Untersuchungen zur Text– und Überlieferungsgeschichte von Joh 7,53-8,11* (BZNT, 28), Berlin, 1963.

BLASS, F. – DEBRUNNER, A., *A Grammar of the New Testament and Other Early Christian Literature.* A Translation and Revision of the ninth-tenth German edition incorporating supplementary notes of A. Debrunner, by Robert A. FUNK, Cambridge/Chicago, 1961.

BOISMARD, M.-É. – LAMOUILLE, A., *L'évangile de Jean* (Synopse des quatre évangiles en français, Tome III) avec la collaboration de G. ROCHAIS, Paris, 1977.

BOISMARD, M.-É., *Moïse ou Jésus. Essai de christologie johannique,* (BETL, 84), Leuven, 1988.

BOISMARD, M.-É. – LAMOUILLE, A., *Un évangile pré-johannique,* vol. I: Jean 1,1-2,12, tomes I et II (Études Bibliques, 17 et 18), Paris, 1993.

M.-É. BOISMARD, *Un évangile pré-johannique,* vol. II: Jean 2,13-4,54, tomes I et II (Études Bibliques, 24 et 25), Paris, 1994.

BOISMARD, M.-É., *Jésus, un homme de Nazareth raconté par Marc l'évangéliste* (Théologie), Paris, 1996.

BOISMARD, M.-É., "Le chapitre XXI de saint Jean. Essai de critique littéraire", *RB* 54 (1947) 473-501.

BOISMARD, M.-É., "Saint Luc et la rédaction du quatrième évangile (Jn 4,46-54)", *RB* 69 (1962) 145-211.

Boismard, M.-É., "Rapports entre foi et miracles dans l'évangile de Jean, *ETL* 58 (1982) 357-364.

BROWN, R. E., *The Gospel according to John. A New Translation with Introduction and Commentary* (The Anchor Bible, 29), New York, 1966 et 1970.

BULTMANN, R., *Das Evangelium des Johannes* (Kritisch-exegetischer Kommentar über das Neue Testament), Göttingen, 1950.

COLOMBO, G., "La critica testuále di fronte alla pericope dell` adúltera", *Rivista Biblica* 42 (1994) 81-103.

DODD, C.H., *Historical Tradition in the Fourth Gospel*, Cambridge, 1963.

FORTNA, R.T., *The Fourth Gospel and its Predecessor. From Narrative Source to Present Gospel*, Philadelphie, 1988.

HARTMANN, G., "Die Vorlage der Osterberichte in Joh 20", *ZNW* 55 (1964) 197-220.

HEEKERENS, H.–P., *Die Zeichen-Quelle der johanneischen Redaktion* (Stuttgarter Bibelstudien, 113), Stuttgart, 1984.

HEIL, J.P., The Story of Jesus and the Adulteress (John 7,53–8,11) reconsidered", *Biblica* 72 (1991 182-192.

KAESTLI, J.–D., *Écrits apocryphes chrétiens*. Édition publiée sous la direction de François BOVON et Pierre GEOLTRAIN, index établis par Sever J. VOICU (Bibliothèque de la Pléiade), Paris, 1997.

LINDARS, B., "The Composition of John XX", *NTS* 7 (1960-61) 142-147.

PESCH, R., *Der reiche Fischfang – Lk 5,1-11/Jo 21,1-14. Wunder-geschichte, Berufungserzälung, Erscheinungsbericht* (Kommmentare und Beiträge zum A. und NT, 6), Düsseldorf, 1969.

RIUS-CAMPS, J., "Origen lucano de la pericopa de la mujer adultera (Jn 7,53-8,11)", dans *Filologia neotestamentaria*, vol. V, Cordoba, 1992, pp. 149-175.

SCHNACKENBURG, R., *Das Johannesevangelium* (Herders Theolo-gischer Kommentar zum NT, IV), Fribourg–Bâle–Vienne, 1965-1975.

SCHWARTZ, *Aporien in vierten Evangelium* (Nachrichten der Gesell-schaft zu Göttingen; Philologisch-historische Klasse), Berlin, 1907.

SCHWEIZER, E., "Die Heilung des Königlichen: Joh. 4,46-54", *EvTh* 1951.

SMITH, M., *The Secret Gospel. The Discovery and Interpretation of the*

Secret Gospel acccording to Mark, New York – Londres, 1973.

SPITTA, F., Das Johannes-Evangelium als Quelle der Geschichte Jesu, Göttingen, 1910.

TAYLOR, J., *Les Actes des deux Apôtres*, vol. IV, *Commentaire historique (Act. 1,1-8,40)* (Études Bibliques, n.s. 41), Paris, 2000.

VAN KASTEREN, I.P., "Verisimilia circa pericopen de muliere adultera (Joan. VII, 53 – VIII, 11)", *RB* 1911, 96-102.

WELLHAUSEN, J., *Das Evangelium Johannis*, Berlin, 1908.

TABLE DES MATIÈRES

F-87350 PANAZOL
N° Imprimeur : 1046535-01
Dépôt légal : Avril 2001